Rügen

mit Hiddensee und Fischland-Darß-Zingst

Kay Tschersich

 GPX-Daten zum Download

www.kompass.de/gpx

Kostenloser Download der GPX-Daten der im Wanderführer enthaltenen Wandertouren.

AUTOR

Kay Tschersich • Jahrgang 1971, lebt seit 1991 in Leipzig. Von Beruf Reiseleiter, ist der gebürtige Erzgebirgler insbesondere in Zentralasien unterwegs. Als Autor von Wander- und Radführern betätigt er sich jedoch zumeist in den zahlreichen reizvollen Landstrichen Deutschlands.

Schon als Kleinkind durfte er Sandburgen am weißen Strand von Binz bauen, was wegen des Mangels an Ferienunterkünften zu DDR-Zeiten nicht selbstverständlich war. Seitdem hat es ihn immer wieder aufs Neue an die Ostseeküste gezogen, denn auf den weiten Blick übers Meer mag er nicht mehr verzichten.

VORWORT

Rügen ist Deutschlands größte Insel. Kaum ein Landstrich an der Ostseeküste zeigt sich so facettenreich wie das knapp 1.000 km² große Eiland. Das lichtblaue Meer brandet an weiße Strände. Die berühmten Kreideklippen haben bereits die Maler der Romantik fasziniert und schlagen noch heute jeden Besucher in ihren Bann. In den breiten Schilfgürteln der Boddenlandschaft schnattern die Enten. Auch das Hinterland zeigt sich beeindruckend abwechslungsreich: Im Nationalpark Jasmund in Rügens Nordosten erstrecken sich ausgedehnte, urwüchsige Buchenwälder, die von der UNESCO den begehrten Titel eines Weltnaturerbes zuerkannt bekamen. Zum dunklen Grün der Baumriesen kontrastiert hier das blendende Weiß der Kreidefelsen in der Stubbenkammer. Ganz im Westen schützt der Nationalpark Vorpommersche Boddenlandschaft die Küstenregion und die vorgelagerte, autofreie Insel Hiddensee. Der hohe Norden Rügens punktet mit dem leuchtturmbestandenen Kap Arkona auf der Halbinsel Wittow. Mit spektakulärer Bäderarchitektur können vor allem die traditionsreichen Ostseebäder Binz und Sellin aufwarten. In deren Umland erstrecken sich die dichten Wälder der Granitz, über denen ein mächtiges Jagdschloss thront.

Ein weit verzweigtes Wanderwegenetz erschließt auch die idyllischsten Winkel Rügens. Traumhafte Panoramen – wie von den Zickerschen Bergen über die Halbinsel Mönchgut – liegen genauso am Wege, wie kleine Fischerdörfer, leuchtend gelbe Rapsfelder, uralte Hünengräber und natürlich endlose Sandstrände.

Neben den schönsten Touren auf Rügen und Hiddensee stellt dieser Wanderführer auch ebensolche auf der Halbinsel Fischland-Darß-Zingst vor. Wild und verwunschen zeigen sich hier der naturbelassene Weststrand und der Darßer Ort zu Füßen des gleichnamigen Leuchtturms. Als Refugium tausender Kraniche hat sich alljährlich im Frühjahr und Herbst der abgelegene Pramort einen Namen gemacht. Diese und zahlreiche weitere Highlights wollen entdeckt und erwandert werden.

Viel Freude beim Erkunden, Genießen und Innehalten wünscht

Kay Tschersich

INHALT UND TOURENÜBERSICHT

Tour		Seite		
1	Juliusruh – Putgarten	22		
2	Putgarten – Vitt	26		
3	Putgarten – Schwarbe	29		
4	Wiek – Wittower Fähre	33		
5	Glowe – Juliusruh	36		
6	Glowe – Schaabe	40		
7	Glowe – Bobbin	43		
8	Sagard – Sassnitz	46		
9	Sassnitz – Welterbeforum	50		
10	Hagen – Stubbenkammer	53		
11	Hagen – Kollicker Ort	57		
12	Lohme – Königsstuhl	60		
13	Sassnitz – Lohme	63		
14	Lietzow – Sagard	67		
15	Ralswiek – Schwarze Berge	70		
16	Ralswiek – Rappin	73		
17	Rappin – Neuenkirchen	76		
18	Venz – Zirmoisel	79		
19	Patzig – Woorke	82		

km	h	hm	hm	P	🚌	⛴	🍴	▲	❄	🚲	🛏	Karte
11,4	3:00	85	70	✓	✓		✓		✓		✓	737
8,6	2:15	60	60	✓	✓		✓		✓		✓	737
17,5	4:45	105	105	✓	✓		✓		✓	✓	✓	737
8,4	2:15	15	15	✓	✓		✓		✓	✓	✓	737
22	5:45	55	55	✓	✓		✓		✓		✓	737
9,3	2:30	25	25	✓	✓		✓		✓		✓	737
12,3	3:15	75	75	✓	✓		✓		✓	✓	✓	737
12,2	3:15	175	155	✓	✓		✓		✓		✓	737
4,4	1:15	120	120	✓	✓		✓		✓		✓	737
17,1	4:30	290	290	✓	✓		✓		✓		✓	737
10,1	2:45	205	205	✓	✓		✓		✓		✓	737
10,8	3:00	205	205	✓	✓		✓		✓		✓	737
13	3:30	385	395	✓	✓		✓		✓		✓	737
10,1	2:45	110	95	✓	✓				✓		✓	737
7,1	2:00	115	115	✓	✓				✓		✓	737
11,6	3:00	90	90	✓	✓	✓			✓		✓	737
17,1	4:30	65	65	✓	✓		✓		✓	✓	✓	737
10,2	2:45	45	45	✓	✓				✓		✓	737
7,4	2:00	75	75	✓	✓				✓		✓	737

INHALT UND TOURENÜBERSICHT

Boddenküste im Abendlicht.

km	h	hm	hm	 Parkplatz	Bus	Schiff	Einkehr	Berg	Schnee	Fahrrad	Übernachtung	Karte
7,8	2:00	40	40	✓	✓				✓		✓	737
18,4	5:00	165	165	✓	✓		✓	✓			✓	737
8,8	2:15	60	80	✓	✓				✓	✓	✓	737
9	2:15	45	45	✓	✓						✓	737
10,4	2:45	20	20	✓	✓		✓		✓		✓	737
15	4:00	145	145	✓	✓		✓				✓	737
10,1	2:45	190	190	✓	✓		✓				✓	737
13,8	3:45	215	215	✓	✓		✓	✓	✓		✓	737
6,5	1:45	125	125	✓	✓				✓		✓	737
14,7	4:00	185	200	✓	✓	✓	✓	✓	✓		✓	737
11,1	3:00	95	95	✓	✓	✓	✓		✓		✓	737
6,8	1:45	110	80	✓	✓		✓				✓	737
9,8	2:30	110	110	✓	✓		✓				✓	737

Rügens nördlichster Punkt – Blick aufs Kap Arkona.

INHALT UND TOURENÜBERSICHT

km	h	hm	hm	P	🚌	⛴	🍴	▲	❄	🚲	🛏	Karte
12,8	3:30	145	145	✓	✓		✓		✓		✓	737
7,8	2:00	110	110	✓	✓		✓	✓			✓	737
9	2:30	65	65	✓	✓		✓		✓	✓	✓	737
13,8	3:45	110	125	✓	✓	✓	✓				✓	737
8,7	2:15	90	70	✓	✓		✓		✓	✓	✓	737
10,7	2:45	105	105	✓	✓		✓		✓		✓	737
11,8	3:00	95	60	✓	✓				✓	✓	✓	737
15,3	4:00	80	80	✓	✓				✓		✓	737
13,1	3:30	55	55	✓	✓						✓	737
10,5	2:45	65	65	✓	✓		✓		✓		✓	737
14,6	3:45	35	35	✓	✓				✓	✓	✓	737
10,2	2:45	30	30	✓	✓				✓	✓	✓	737
8,2	2:15	15	15	✓	✓				✓		✓	737
13,3	3:30	25	25	✓	✓		✓		✓		✓	737
8,2	2:15	90	90		✓		✓	✓	✓		✓	737
17,5	4:45	30	30		✓		✓		✓		✓	737
18,8	5:00	25	25	✓					✓	✓	✓	736
12,2	3:15	25	25	✓	✓		✓		✓		✓	736
14,7	4:00	35	35	✓	✓		✓		✓		✓	736
14,3	3:45	40	40	✓	✓				✓		✓	736
17,9	4:45	65	65	✓	✓		✓		✓		✓	736
12,4	3:15	45	45	✓	✓		✓		✓		✓	736
13,3	3:30	45	45	✓	✓		✓		✓		✓	736

Travemünde - Malmö

Travemünde - Trelleborg

Travemünde - Liepāja, Helsinki

Insel Hic

Hidde

N

Darßer Ort

Nationalpark Vorpommersche

Prerow

Zingst

Z i n g s t

Boddenla

51,52

50

49

Pramort

Kla

D a r ß

53,54

Wieck
a.D.

Bresewitz

Groß Moordorf

Grabow

Ahrenshoop

Born
a.D.

Barth

Altenpleen

Wustrow

Fuhlendorf

Groß
Kordshagen

Niepars

55

Saaler Bodden

Fischland

Saal

Bartelshagen II

Karnin

Dierhagen

Löbnitz

Martensdorf

105

Velgast

-Damgarten

Daskow

Trinwillershagen

Jakobsdorf

Steinhag

Klockenhagen

Millienhagen-
Oebelitz

Freilichtmuseum

Ribnitz-

Ravenhorst

Richtenberg

Gelbensande

Bartelshagen I

Semlow

31

Franzburg

Rövershagen

*Zisterzienser-
kloster*

Blankenhagen

Marlow

Eixen

Papenhagen

Poppendorf

Gresenhorst

Recknitz

*St.
Marie*

Gremersdorf

Broderstorf

Sanitz

Bad Sülze

Tribsees

22

110

Reppelin

Böhlendorf

21

E22

Wendisch
Baggendo

18

20

Deyelsdorf

Grammendorf

10

Tessin

Thelkow

19

Behren-
Lübchin

Glewitz

DAS GEBIET

Deutschlands größte – und durch Buchten, Lagunen und Halbinseln stark gegliederte – Insel erstreckt sich auf beachtlichen 926 km². Dabei beträgt die größte Nord-Süd-Ausdehnung 52 km, die maximale Distanz zwischen Ost- und Westküste erreicht 41 km. Vom gegenüberliegenden vorpommerschen Festland mit der stolzen Hansemetropole Stralsund trennen Rügen lediglich der Greifswalder Bodden sowie der schmale Strelasund. Letzterer wird seit 2007 von einer kühn geschwungenen Brücke überquert.

RÜGENS INSELKERN – DAS MUTTLAND

Eigentlich setzt sich Rügen aus einem ganzen Archipel kleiner Inseln – wie der Insel Vilm im Rügischen Bodden – und ausgedehnter Halbinseln zusammen. Auf dem Inselkern ist – in zentraler Lage – die „Inselhauptstadt" Bergen zu verorten. Etwas näher an der Boddenküste strahlen die weißen Fassaden der ehedem fürstlichen Residenzstadt Putbus mit den Grüntönen des Schlossparks um die Wette. Wilhelm Malte I. ließ zu Beginn des 19. Jahrhunderts die Kommune zu einem Kleinod klassizistischer Baukunst umgestalten. Damals entstand auch im heutigen Stadtteil Lauterbach das erste pommersche (und rügische) Seebad. Entlang der oft schilfgürtelgesäumten und einsamen Boddenküste verlaufen traumhafte Wanderwege. Nicht nur Ornithologen werden vom hiesigen Vogelreichtum begeistert sein. Die Dörfer des hügeligen Hinterlan-

Im kleinen Hafen von Ralswiek.

Blühende Rapsfelder im Mai – typisch für Rügen.

des betten sich im Frühjahr in leuchtend gelbe Rapsfelder.

DIE GRANITZ UND DAS MÖCHGUT

Zu den bekanntesten Ostseebädern
gehören Binz und Sellin im Osten der
Insel, wo feinsandige Strände, grandiose Bäderarchitektur und spektakulär bebaute Seebrücken Besucher
begeistern. Zwischen den beiden
Orten erstreckt sich ein ausgedehn-
tes Waldgebiet – die Granitz. Bis ans
Meer reichen die beeindruckenden
Buchenbestände, die durch Eichen,
Erlen, Eschen und Linden aufge-
lockert werden. Zu den schönsten
Wanderzielen gehört hier das mächtige Jagdschloss, welches – auf dem
107 m hohen Tempelberg gelegen –
das Blätterdach weit überragt.

Im tiefen Südosten Rügens schließt
sich die Halbinsel Mönchgut an, die
ihren Namen der einstigen Zugehö-
rigkeit zum Kloster Eldena verdankt.
Sie setzt sich aus mehreren – durch
Buchten voneinander getrennten –
Landzungen zusammen und genießt
den Schutzstatus des Biosphärenreservates Südost-Rügen. Malerische
Wiesen, Weiden und Hügel laden
zum Wandern ein – eine der schönsten Touren führt hier über die Zickerschen Berge.

RÜGENS „WINDLAND" – DIE HALB-
INSEL WITTOW

Gleich drei Türme markieren das Kap
Arkona auf der Halbinsel Wittow –
den (fast) nördlichsten Punkt ganz
Rügens. Durch die traumhafte Lage
hoch über der sich 45 m emporre-
ckenden Steilküste zählen die Seezeichen – der Schinkelturm, der Peilturm und der Leuchtturm von 1905
– zu den bekanntesten Wahrzeichen
der Insel. Eine tiefe Faszination hat
der Ort schon immer ausgestrahlt:
Bereits der slawische Volksstamm
der Ranen errichtete gleich nebenan

die Jaromarsburg, die der Verehrung ihres Hauptgottes Svantevit diente. Die Reste des Walls der einstigen Tempelfestung sind noch heute gut im Gelände zu erkennen. Ganz in der Nähe lässt sich auch das ausgesprochen idyllische Fischerdörfchen Vitt erwandern, das sich am Fuß der hoch aufragenden Küste versteckt. Am authentischsten erreicht man die Halbinsel mit Hilfe der Wittower Fähre, die meisten Besucher nutzen jedoch die Straßenverbindung auf der schmalen Nehrung Schaabe, die Wittow mit Jasmund verbindet.

KÖNIGSSTUHL, VIKTORIASICHT UND URALTE BUCHENWÄLDER: DER NATIONALPARK JASMUND

Die blendend weiße Kreideküste im Osten der Halbinsel Jasmund mit ihren bis zu 118 m hohen Aussichtsfelsen gilt als dramatischste Landschaft ganz Rügens. Gemeinsam mit den naturbelassenen Buchenwäldern im Hinterland genießt das Gebiet den Schutzstatus des kleinsten Nationalparks in Deutschland. Die spektakuläre Kombination aus urigen Wäldern, Kreidefelsen und türkisblauer Ostsee machen ihn zu einem Eldora-

Bei Landow.

Der trutzige Kirchbau in Middelhagen.

do für Wanderbegeisterte. Auch die mit 161 m höchste Erhebung Rügens – der Piekberg – ist hier zu finden. Der Große und der Kleine Jasmunder Bodden trennen Jasmund vom Kerngebiet der Hauptinsel. Unweit der Boddenküste verlocken auch das pittoreske Schloss Spyker und der gleichnamige See zu Wanderungen.

EIN SEEPFERDCHEN VOR RÜGENS WESTKÜSTE – DIE INSEL HIDDENSEE
Geformt wie ein Seepferdchen liegt das „söten Länneken" – das süße Ländchen, wie es von seinen Bewohnern genannt wird – nur wenige Fährminuten vom Rügischen Hafen Schaprode entfernt. Gerade einmal 17 km ist das schmale, an seiner „Wespentaille" nur 250 m breite, Eiland lang. Und lediglich drei

kleine Dörfchen ducken sich hier in die Heidelandschaft. Die Wegstrecken zwischen diesen werden die allermeisten zu Fuß oder per Rad bewältigen, denn auf der (fast) autofreien Insel sind nur eine Handvoll KFZ zugelassen. Ausgesprochen illuster liest sich die Liste derjenigen, die Hiddensee mit ihrer regelmäßigen Anwesenheit beehrten. Neben Gerhardt Hauptmann, Gret Palucca, Thomas Mann, Franz Kafka und Bertholt Brecht sind hier auch Albert Einstein und Siegmund Freud zu nennen. Wie die Nobelpreisträger von ehedem steuern auch heutige Wanderer den Leuchtturm auf dem Dornbusch an oder erkunden Küstenlinie und Heidelandschaften. Ganz Hiddensee ist Teil des Nationalparks Vorpommersche Boddenlandschaft.

Hiddenseer Dünenheide.

FISCHLAND-DARSS-ZINGST

Knapp 45 km westlich von Stralsund befindet sich die Bernsteinstadt Ribnitz-Damgarten, die als Tor zur Halbinselkette mit dem sperrigen Namen gilt. Hakenförmig ragt Fischland-Darß-Zingst über eine Länge von 50 km in die Ostsee. Einst bildete jeder der drei Namensbestandteile ein eigenständiges Eiland – erst die Verlandung und die Schließung der Flutrinnen zwischen ihnen fügte sie zu einer gemeinsamen Landmasse zusammen.

Das Fischland ist die kleinste der drei Halbinselschwestern, die Wanderer vor allem mit ihrem Steilküstenabschnitt – dem Hohen Ufer – zwischen Wustrow und dem Künstlerdorf Ahrenshoops in ihren Bann zieht. Der sich

nördlich anschließende Darß fasziniert insbesondere mit seinem ausgedehnten Darßwald, der sich vielerorts einen urwaldähnlichen Charakter bewahrt hat. Diesem meerwärts vorgelagert befindet sich der spektakulär wilde Weststrand.

Der Zingst nimmt den Osten der Halbinselkette ein. Während der Zeit der Kranichzüge im Frühjahr und Herbst rasten hier zehntausende der majestätischen Vögel auf den vorgelagerten Sandbänken und Inselchen – ein Besuch der Beobachtungsmöglichkeiten wird dann zu einem unvergesslichen Erlebnis. Große Teile des Darß und des Zingst gehören zum Nationalpark Vorpommersche Boddenlandschaft.

Zeugen uralter Geschichte – Großsteingrab bei Lancken.

ENTSTEHUNG

Sowohl Rügen als auch die Halbinsel Fischland-Darß-Zingst verdanken ihre Entstehung und ihr heutiges Erscheinungsbild der letzten Eiszeit, die vor etwa 10.000 Jahren endete. Durch das Abschmelzen der gewaltigen Gletscher blieben enorme Sedimentschichten in Form von Grund- und Endmoränen zurück. Auch die teils riesigen Findlinge Rügens wurden einst durch die Eismassen aus Skandinavien an ihre heutigen Standorte transportiert. Aus den mächtigen Endmoränen bildeten sich schließlich die Inselkerne des Rügischen Archipels, in dem Wittow, Jasmund, die Granitz und das Mönchgut noch eigenständige Inseln waren. Entsprechend verlief auch die geologische Entwicklung von Fischland-Darß-Zingst, wo ebenfalls drei Eilande entstanden. Seitdem haben Brandung und Meeresströmung an den Küstenlinien genagt und beachtliche Mengen an Material abgetragen. Dieses lagerte sich anderenorts im Strömungsschatten wieder an der Küste an. So konnten dort Sandbänke, -haken und Nehrungen entstehen, die schließlich die Inseln untereinander verbanden. Noch heute verschwinden alljährlich am Hohen Ufer des Fischlandes etwa 1 m Steilküste in den Ostseefluten – Sedimente, die schließlich am Darßer Ort wieder anlanden. So wächst hier die Halbinsel Jahr für Jahr um beeindruckende 10 m weiter ins Meer hinaus.

ALLGEMEINE TOURENHINWEISE

ÖFFENTLICHE VERKEHRSMITTEL

Die Autobahn A 20 verläuft – etwas ins Landesinnere versetzt – parallel zur Ostseeküste. Näher an der Küste führt die Bundesstraße B 105 durch Stralsund und Ribnitz-Damgarten. Von Stralsund leitet die eindrucksvolle Rügenbrücke über den Strelasund hinüber nach Rügen. Die Halbinsel Fischland-Darß-Zingst ist über Ribnitz-Damgarten oder Barth zu erreichen.

Bahnverbindungen führen von Stralsund auf die Insel Rügen (über Bergen nach Sassnitz bzw. nach Binz).

Auf Hiddensee gelangt man ausschließlich per Fähre. Fährverbindungen bestehen mehrmals täglich von Schaprode auf Rügen sowie von Stralsund aus. In der Saison verkehren Fähren auch von Wieck und Zingst auf Fischland-Darß-Zingst sowie von Breege aus.

Das Linienbusnetz ist recht dicht und erschließt auch abgelegene Orte. Das Wandergebiet wird durch die Verkehrsgesellschaft Vorpommern-Rügen (www.vvr-bus.de) abgedeckt.

SCHWIERIGKEITSGRADE

Die Touren auf Rügen, Hiddensee sowie Fischland-Darß-Zingst zeichnen sich zumeist durch geringe oder kaum nennenswerte Höhenunterschiede aus. Sie verlaufen auf Wurzelpfaden, Wald- und Feldwegen, teilweise auch auf Radwegen sowie kaum befahrenen Sträßchen. Abschnittsweise führen sie auch am (Sand-) Strand entlang.

Die vorgestellten Wanderungen sind ihrem Anforderungsprofil entsprechend farblich markiert:

■ LEICHT

Leichtere Wanderungen ohne nennenswerte Steigungen, die aber teilweise auch auf steinigen und wurzeligen Pfaden verlaufen.

■ MITTEL

Wanderungen mit geringen oder mäßigen Steigungen, die auch auf schmalen, steinigen und wurzeligen Pfaden verlaufen und/oder schwierigere Kurzpassagen aufweisen können

HINWEIS

Die Wegmarkierungen vor Ort sind in der Regel recht gut zu erkennen, hier und da wäre allerdings eine Farbauffrischung nützlich. Die beschriebenen Wanderungen folgen jedoch meist nur zum Teil markierten Pfaden. Wird in den folgenden Wegbeschreibungen eine Markierung erwähnt, so bezieht sie sich so lange auf die beschriebene Strecke, bis eine neue Markierung oder das Verlassen der alten angeführt wird.

MEINE LIEBLINGSTOUR

Die traumhaft schöne Streckenwanderung im Nationalpark Jasmund führt auf dem Hochuferweg entlang der grandiosen Kreideküste Rügens. Dabei werden zahlreiche spektakuläre Aussichtspunkte angesteuert, zu denen auch der Königsstuhl, die Victoria- und die Ernst-Moritz-Arndt-Sicht sowie die Wissower Klinken gehören. Begleitet wird die Tour vom jahrhundertealten und als Weltnaturerbe geschützten Buchenurwald des Nationalparks.

→ Tour 13, Seite 63

Kreideküste nahe Stubbenkammer.

1: Die Wanderung erkundet den Darßer Urwald und stößt beim pittoresken Leuchtturm am Darßer Ort auf wenige Jahrzehnte altes – durch Sedimentanlagerung entstandenes – Neuland mitten in der Nationalparkkernzone.
→ Tour 51, Seite 190

2: Auf idyllischen Wiesenpfaden geht es hinauf auf die Kuppe des Bakenberges mit beeindru-ckender Aussicht über die ganze Halbinsel Mönchgut. Panoramenreich setzt sich die Tour dann auf dem sanft gewellten Höhenrücken der Zickerschen Berge fort.
→ Tour 34, Seite 131

3: Vom mondänen Ostseebad Binz führt die Wanderung durch das Waldgebiet der Granitz zum malerischen Schwarzen See sowie zu zahlreichen Aussichts-

punkten oberhalb der Steilküste. Die sagenumwobene Teufels-schlucht leitet schließlich hinab zum Strand.
→ Tour 26, Seite 105

⭐ **4:** Durch die idyllische Landschaft im Norden der Insel Hiddensee geht es zunächst am Vitter Bod-den entlang, bevor der Strand unweit des Dornbuschkliffs zur Erfrischung einlädt. „Höhe-punkt" der Wanderung ist der

aussichtsreiche Leuchtturm auf dem 73 m hohen Bakenberg.
→ Tour 47, Seite 176

⭐ **5:** Die panoramenreiche Route entlang des Hochufers an der Tromper Wiek verbindet zahl-reiche spannende Highlights, zu denen neben dem Megalithgrab Riesenberg und dem Fischerdorf Vitt auch die Leuchttürme am Kap Arkona gehören.
→ Tour 01, Seite 22

JULIUSRUH – PUTGARTEN

Zum Kap Arkona!

 11,4 km 3:00 h 85 hm 70 hm 737

START | Wir starten am Haus des Gastes in der Wittower Straße 5 in 18556 Juliusruh.
[GPS: UTM Zone 33 x: 395.178 m   y: 6.053.646 m]
CHARAKTER | Abwechslungsreiche Tour auf Pfaden und Radwegen entlang des Wittower Hochufers mit einigen kurzen An- und Abstiegen.

Die panoramenreiche Tour entlang des Hochufers an der Tromper Wiek verbindet zahlreiche spannende Highlights, zu denen neben dem Großsteingrab Riesenberg und dem Fischerdorf Vitt auch die Leuchttürme am Kap Arkona gehören.

▶ Vom Haus des Gastes in **Juliusruh 01** bringt uns der Fischerweg zum Strand, wo die Route links auf die Promenade schwenkt. Wir queren gleich den schön gestalteten Löberplatz gerade. Am Ende der kurzen Promenade hält sich

die Tour zunächst links und biegt gleich rechts in den Badeweg ein. Als Betonplattenweg verläuft dieser durch den Wald, wo er schließlich in einen kurvenreichen Wurzelpfad übergeht. Zwischen Zaun und Strand wandernd wird nahe einem Campingplatzes ein deutlicher Querweg erreicht. Hier schwenkt die Wanderung links ein und stößt bald auf den asphaltierten Zittkower Weg. Wir wandern rechts, passieren verschiedene Campingparks und lassen uns von der Destination „Kap Arkona" leiten. Bald nach einem aussichts-

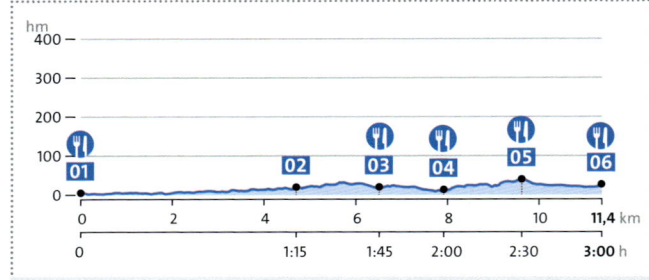

01 Juliusruh, 4 m; **02** Großsteingrab, 19 m; **03** Café, 20 m; **04** Vitt, 9 m;
05 Kap Arkona, 40 m; **06** Putgarten, 22 m;

Blick über die Tromper Wiek auf das Kap Arkona.

reichen Rastplatz mit Blick über die Tromper Wiek – einer Ostseebucht zwischen den Halbinseln Wittow und Jasmund – führt die Route am beeindruckenden **Großsteingrab Riesenberg** vorüber. Der stimmungsvolle Ort mit einem der größten Megalithgräber Norddeutschlands eignet sich wunderbar für eine Pause.

Später wird der Weiler Goor erreicht, wo sich die Tour am Querweg rechts hält („Kap Arkona"). Voraus lassen sich bereits die Leuchttürme an Rügens nördlichstem Punkt ausmachen. Zunächst lädt jedoch das in traumhafter Idylle gelegene **Steilufercafé Zur kleinen Rast** nochmals zum Verweilen ein.

Das Großsteingrab Riesenberg

Das über 5.000 Jahre alte Hünengrab Riesenberg gilt als die größte neolithische Grabanlage auf Rügen. Mit einer Länge von 34 m und einer Breite von 11 m weist es tatsächlich eine beachtliche Dimension auf. In dem aus mächtigen Findlingen errichteten Areal konnten zwei Grabkammern nachgewiesen werden. Grabungen förderten hier zwei menschliche Schädel sowie Pfeilspitzen aus Feuerstein zu Tage. Zudem ließen sich mehrere Nachbestattungen aus der Eisenzeit belegen. Am südwestlichen Rand der Anlage beeindrucken zwei 3 m hohe monolithische Wächtersteine. Zwischen diesen kamen Keramikscherben aus der Slawenzeit sowie eine arabische (!) Silbermünze aus dem 9. Jahrhundert zum Vorschein.

Der Peilturm – einer der drei Türme von Kap Arkona.

Bald darauf wählen wir an einer Verzweigung die rechte Variante („Fischerdorf Vitt/Kap Arkona"). In **Vitt** `04` biegen wir vor der Gaststätte Goldener Anker links ein und folgen wenige Schritte weiter dem unmarkierten Treppenweg bergan. Die Wanderung verläuft nun oberhalb des Steilufers, wo gleich ein beeindruckendes Panorama auf das Kap genossen werden kann. Der Hochuferweg leitet uns nun nach kurzer Zeit – vorbei am Wall der uralten Jaromarsburg und am Peilturm – hinauf zu den beiden Leuchttürmen des **Kaps Arkona** `05`. Einträchtig stehen hier der Leuchtturm Schinkels und der höhere Neue Turm nebeneinander. Beide Bauwerke können bestiegen werden, auch eine Ausstellung hat hier ihre Pforten geöffnet. Schließlich wandern wir auf schmaler Straße hinab nach **Putgarten** `06` und hin zur dortigen Bushaltestelle.

Höllenliet

Uferabstig Hundestrand

NSG

36

Varnkevitz

Gellort

Siebenschneiderstein

30

Uferabstig

Hohe Dielen

Kap Arkona

Arkonariff

Marinebunker

37

05

Arkona

Putgarten

Klüsser Berge

Jaromars-
burg

Kosegarten-
stein

32

06

Rügenhof

Fernlüttkevitz

29

04

Vitt

26

Goor

Goorer Berg

37

Riesenberg

03

Großsteingrab
Riesenberg

Nobbin

25

13

Wollin

02

traße

11

genddorf
Wittow
rewoldke

3

Hundestrand

Juliusruh

P

ATRIUM am Meer

4

01

5

Aquamaris

eege

Tromper

O

0   500 m

PUTGARTEN – VITT

Fischerdorf, Fallada-Sicht und Arkonas Leuchttürme

 8,6 km 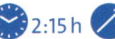2:15 h 60 hm 60 hm 737

START | Wir starten an der Bushaltestelle Putgarten in der Dorf-
straße in 18556 Putgarten.
[GPS: UTM Zone 33 x: 397.686 m y: 6.059.456 m]
CHARAKTER | Schon bald nach dem Wanderstart in Putgarten wird
der Hochuferweg erreicht, dem wir mit nur geringen Höhenunter-
schieden zum Kap Arkona und ins Fischerdorf Vitt folgen.

Die kurze Wanderung verbindet
zahlreiche Highlights im „hohen"
Norden Rügens: Wir passieren mit
Gellort den nördlichsten Punkt
der Insel, gelangen dann zum Kap
Arkona mit seinen Leuchttürmen
und kommen danach an den Res-
ten der Jaromarsburg vorbei. Über
das Fischerdorf Vitt wird schließlich wieder der Ausgangspunkt
erreicht.

▶ Von der Bushaltestelle **01** im
Dorfzentrum überqueren wir die
Straße hin zum Feuerwehrhaus
gegenüber und folgen dem Varn-
kevitzer Weg rechts des Gebäudes.
Etwa 750 m nach dem Ortsausgangsschild schwenkt die Route
bei der Bushaltestelle Fernlüttkevitz (und noch vor der auffälligen
Radarkuppel) rechts auf einen befestigten Feldweg ein. Bald wird
bei einem Parkplatz der Hochuferweg über dem Nordstrand erreicht,
wo sich die Wanderung nach
rechts wendet. Der schmale Pfad
oberhalb der Küstenlinie führt
uns gleich an der **Fallada-Sicht** **02**
mit beeindruckendem Blick übers
Meer vorüber. Der Schriftsteller
Hans Fallada war vor allem zu Be-

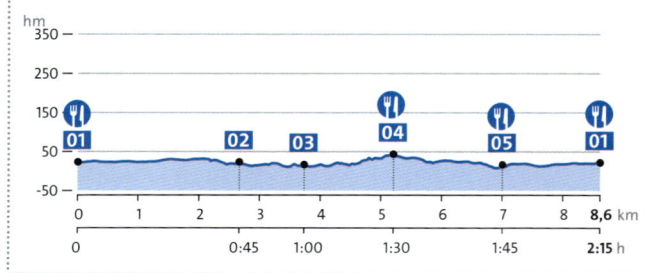

01 Putgarten, 22 m; **02** Fallada-Sicht, 24 m; **03** Strandabstieg, 10 m;
04 Kap Arkona, 26 m; **05** Vitt, 0 m;

Blick über die Ostsee von der Fallada-Sicht.

ginn der 1920er Jahre häufig auf der Halbinsel Wittow zu Gast. Mit den Türmen von Kap Arkona haben wir das Ziel der Zwischenetappe bereits im Blick. Unterwegs ermöglichen einige **Strandabstiege** 03 Zugang zum Strand und zu einem erfrischenden Bad. Bei einem Aussichtspunkt am Gellort – Rügens nördlichstem Punkt – biegt unser Weg schließlich weg von der Küste. Gleich sind nun die beiden Leuchtzeichen von **Kap Arkona** 04 – der niedrigere Turm

Unweit von Vitt bietet sich ein beeindruckender Blick auf Kap Arkona.

des preußischen „Stararchitek-ten" Karl Friedrich Schinkel sowie der größere Neue Turm – erreicht. Nach einer Rast mit der Möglich-keit einer Besteigung wandern wir nun in Richtung „Fischerdorf Vitt" zum Peilturm weiter. Gleich neben diesem dritten Turm sind auch die Wälle der uralten Jaromarsburg zu entdecken.

Der Hochuferweg führt uns nun vorbei an einem weiteren Strand-abstieg und passiert später den wohl schönsten Aussichtspunkt mit Blick auf Rügens Nordkap – ein

Rastplatz lädt hier zum Verweilen ein. Am Weiser 200 m weiter ver-lassen wir den breiten Weg und folgen dem Treppenabstieg hinab in das Fischerdorf **Vitt** `05`, das mit zahlreichen Einkehrmöglichkeiten aufwarten kann. Bei der Gaststät-te Goldener Anker halten wir uns links und biegen bei den letzten Häusern (Haus Nr. 8) beschildert rechts aufwärts ein. Gleich nach einer kurzen Treppe halten wir uns links, werfen einen Blick in die Kapelle von Vitt und folgen dann dem Sträßchen zurück nach **Put-garten** `01`.

Die Jaromarsburg

In unmittelbarer Nähe zum Kap Arkona errichtete zwischen dem 6. und 8. Jahrhundert das westslawische Volk der Ranen eine Tem-pelburg für ihren Hauptgott Svantevit. Mit einer Fläche von circa 5 ha war die Anlage einst deutlich größer. In den vergangenen Jahr-hunderten stürzten immer wieder Bereiche des Steilufers ins Was-ser – und mit ihnen auch Stück für Stück Teile des Festungs- und Tempelareals. So ist heute wohl nur noch ein Drittel der ursprüng-lichen Ausdehnung erhalten geblieben. Als Ort der Svantevit-Ver-ehrung hatte die Jaromarsburg allerdings schon lange zuvor keine Bedeutung mehr – bereits im Jahre 1168 war sie vom dänischen König Waldemar den Großen erobert und zerstört worden. Damit endete die slawische Souveränität – das Christentum setzte sich nun auch auf Rügen durch.

PUTGARTEN – SCHWARBE

Wittows hoher Norden

  17,5 km 4:45 h 105 hm 105 hm  737

START | Wir starten an der Bushaltestelle Putgarten in der Dorfstraße in 18556 Putgarten.
[GPS: UTM Zone 33 x: 397.690 m y: 6.059.455 m]
CHARAKTER | Auf Wurzelpfaden, Radwegen und verkehrsarmen Straßen erkunden wir den nördlichsten Landstrich der Insel Rügen. Keine nennenswerten Höhenunterschiede.

Beeindruckende Panoramen erwarten uns beim Kap Arkona – wo gleich mehrere Türme bestiegen werden können – sowie am Gellort und bei der Fallada-Sicht. Später tauchen wir in einen urigen Buchen-Küstenwald ein. Etliche Strandabstiege ermöglichen zudem eine Abkühlung in der Ostsee.

▶ Wir starten an der **Bushaltestelle in Putgarten 01** und folgen der Beschilderung hinauf zum **Kap Arkona 02**. Hier gehen wir an den beiden markanten Leuchtzeichen – dem Schinkel-Turm sowie dem Neuen Turm – vorbei und lassen uns nun von der Destination „Varnkevitz" in den Wald leiten. Nach kurzer Zeit ist bei Gellort – Rügens nördlichstem Punkt – die Steilküste im hohen Norden der Halbinsel Wittow erreicht. Das beeindruckende Panorama reicht hier weit übers Meer bis hin zum Offshore-Windpark Arkona.

Die Route verläuft nun auf dem Hochuferweg nach links und wird von ausgedehnten Feldern begleitet. Hier und da ermöglichen Strandabstiege einen Kurz-

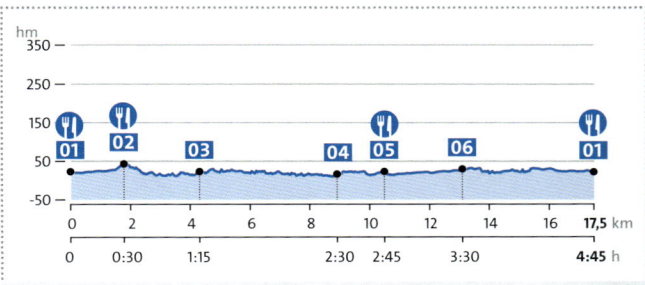

01 Putgarten, 22 m; 02 Kap Arkona, 40 m; 03 Fallada-Sicht, 20 m;
04 Schutzhütte, 0 m; 05 Schwarbe Siedlung, 2 m; 06 Varnkevitz, 16 m;

Der Peilturm von Kap Arkona.

Die Fallada-Sicht bei Putgarten.

abstecher zum Meer. Manchmal können sogar Robben gesichtet werden. Am Panoramapunkt **Fallada-Sicht** `03` lädt eine Bank zu einer Rast ein. Auch am nahen Parkplatz verlockt ein Treppenweg zu einem kurzen Ausflug hinab

an den Strand. Etwa 1,5 km nach dem Parkplatz ignorieren wir den abzweigenden Wanderweg nach Varnkevitz und gehen hier weiter geradeaus am Hochufer entlang („Nonnevitz"). Die Tour verläuft nun durch einen pittoresken Küs-

Weide bei Schwarbe.

tenwaldstreifen aus knorrigen Buchen. Bei einer **Schutzhütte** `04` stößt sie schließlich wieder auf einen Radweiser. Hier verabschieden wir uns von der Destination „Nonnevitz" und gehen links der Hütte am Waldrand weiter. Die Route erreicht bald einen Parkplatz, hält sich links („Schwarbe Siedlung") und schwenkt 350 m weiter erneut links ein. In **Schwarbe Siedlung** `05` lädt das Restaurant Pferdestübchen zu einer genüsslichen Rast ein. Schließlich führt uns das Betonsträßchen weiter nach Schwarbe, welches auf der Dorfstraße durchquert wird. Beim Ortsausgang treffen wir nahe einer Bushaltestelle auf eine kaum befahrene Landstraße, biegen auf dieser links und gelangen nach kurzer Zeit ins winzige **Varnkevitz** `06` (Bushaltestelle).

Im Ort hält sich die Wanderung links und stößt nun bald wieder auf den bereits bekannten Hochuferweg. Wir schwenken an diesem rechts und biegen erst am Parkplatz kurz vor der Fallada-Sicht rechts landeinwärts ein. An der folgenden Kreuzung orientiert sich die Route links und gelangt bald zum **Ausgangspunkt** `01`.

Arkonas Leuchttürme

Einträchtig stehen die zwei besteigbaren Leuchtzeichen an Rügens nördlichstem Punkt nebeneinander. Der kleinere der beiden Leuchtfeuer ist der 1826/27 errichtete Schinkel-Turm. Der Name nimmt Bezug auf den preußischen „Stararchitekten" Karl Friedrich Schinkel, der für den Entwurf verantwortlich war. Der mit 35 m fast 13 m höhere Neue Turm wurde 1905 in Betrieb genommen. Übrigens: Der nur wenige Schritte entfernte Peilturm wurde 1927 erbaut und diente ehemals als Peilfunkstation der Marine.

WIEK – WITTOWER FÄHRE

Am Wieker Bodden

  8,4 km 2:15 h 15 hm ⬥ 15 hm 📖 737

START | Wir starten im Hafen von 18556 Wiek.
[GPS: UTM Zone 33 x: 389.309 m y: 6.053.998 m]
CHARAKTER | Einfache und aussichtsreiche Tour ohne nennenswerte Höhenunterschiede auf Rad- und Feldwegen.

Die einfache Tour verläuft entlang des Wieker Boddens bis zur Wittower Fähre. Dabei bieten sich immer wieder schöne Aussichten über die weite Wasserfläche. Der Vogelreichtum des Boddens lädt insbesondere im Bereich des ehemaligen Hafens von Vansenitz zu Beobachtungen ein.

▶ Am **Wieker Hafen** `01` orientieren wir uns am Weiser in Richtung „Zürkvitz/Wittower Fähre" und folgen der Straße am Hafenbecken entlang. Auf der Hafenstraße passieren wir die Wieker Boote GmbH und einige Garagen. An der Durchgangsstraße wendet sich

die Route rechts und erreicht nach ca. 1 km auf dem Radweg neben der Straße **Zürkvitz** `02`. 100 m nach der Bushaltestelle schwenken wir am Weiser rechts auf die Zürkvitzer Straße in Richtung „Wittower Fähre" ein. Die Wanderung lässt sich nun vom kurvigen Verlauf des Pflastersträßchens leiten und hält sich dann beim Gutshaus Zürkvitz (Haus Nr. 15) rechts. Der Backsteinbau wurde im 19. Jahrhundert an der Stelle weitaus älterer Vorgängerbauten errichtet, die seit Jahrhunderten zum Besitz des rügisch-pommerschen Adelsgeschlechts von der Lancken gehörten. Am nahen Ufer

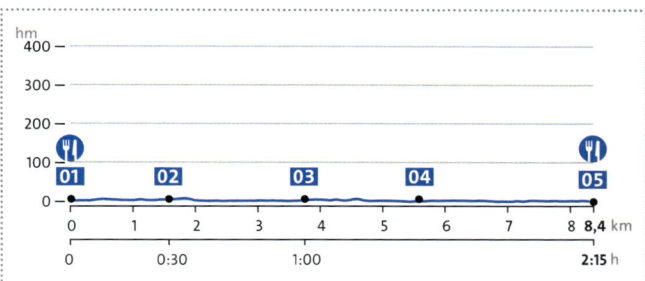

`01` Hafen Wiek, 1 m; `02` Zürkvitz, 0 m; `03` Badestelle, 0 m; `04` Hafen Vansenitz, 0 m; `05` Wittower Fähre, 0 m;

Die Wittower Fähre

Nur 350 m ist die Engstelle zwischen der Halbinsel Wittow und dem Muttland – dem Kernland der Insel Rügen – breit. Bereits im Mittelalter setzten hier Boote Fährpassagiere über, die so erhebliche Umwege auf dem Landweg vermeiden konnten. Aber erst mit der Eröffnung der Schmalspurbahnstrecke Bergen – Altenkirchen im Jahre 1896 wurde ein regelmäßiger Fährverkehr eingerichtet. Pro Fahrt konnten drei Güterwagen übergesetzt werden. Auch nach der Stilllegung der Bahnstrecke 1970 erhielt man den Fährverkehr für Kraftfahrzeuge und Personen aufrecht.

Die Wittower Fähre verkehrt zwischen dem Muttland und der Halbinsel Wittow..

des Wieker Boddens schwenken wir links auf den gepflasterten Radweg ein. Schöne Blicke über die Wasserfläche des Boddens begleiten nun die Tour. Die Pflasterung des Radweges endet schließlich bei einer Schutzhütte. Eine Wiese am Ufer bietet sich hier als Rastplatz oder **Badestelle 03** an. Danach wandern wir weiter auf bequemen Wege entlang der Uferlinie. Endlich werden die Anlagen des ehemaligen **Hafens von Vansenitz 04** erreicht, von dem sich allerdings nur die trutzigen Mauern der Mole erhalten haben. Am hiesigen Weiser gehen wir geradeaus („Wittower Fähre") weiter. Landseitig säumen nun weite Getreidefelder unsere Route. Hier und da laden Bänke zum Verweilen ein.

Schließlich erreichen wir die kleine Siedlung bei der **Wittower Fähre 05**, wo wir nach einer Stärkung im gleichnamigen Gasthaus mit dem Bus nach Wiek zurückkehren können.

Surf und Kite
Camp Wiek

Wiek

Histor. Verladebrücke 7 B i Alt-Wittower
4 P Krug
01

B

Reha-Klinik
8

Ausbau

Zürkvitz

16

02

10

8

Bohlendorf

Landhotel

Boddenaussicht
03

Blewser
Haken

H

Bischofsdorf

Parchow

04

4

ehemaliger
Hafen Vansenitz

Woldenitz

6

Deutsche Alleenstraße

4

2

Fährhof

Woldenitz
Haken

Kontoper Haken

2

Wittower
Fähre
05 4
rhaken

10

Libnitzer Ort

10

0   500 m

B o d d e n

W i e k e r

B r e e t z

Einmal rund um die Schaabe

 22 km 5:45 h 55 hm 55 hm 737

START | Wir starten am Parkplatz nahe des Hotels Garni Meeresblick (Hauptstraße/Ecke Waldsiedlung) in 18551 Glowe.
[GPS: UTM Zone 33 x: 400.319 m y: 6.047.944 m]
CHARAKTER | Wiesenwege und Wurzelpfade leiten an der Boddenküste nach Juliusruh. Zurück nach Glowe geht es entlang des Ostseestrandes oder per Bus.

Die längere Tour verläuft zunächst wunderbar aussichtsreich auf Wurzelpfaden entlang der vogelreichen Boddenküste. Dann lädt das idyllische Juliusruh zu einem Abstecher in eine historische Parkanlage sowie zu einer erfrischenden Badepause am Ostseestrand ein.

▶ Vom **Parkplatz** 01 aus folgen wir dem Sträßchen Waldsiedlung, das bald in den Fahrweg Am Wall übergeht. Geradeaus wandernd lassen wir uns von der Destination „Breege-Juliusruh" leiten. Nach

knapp 2 km gelangt die Route so zum kleinen Gebäude des **Schöpfwerkes** 02 an der Boddenküste, wo eine Bank zu einer ersten Rast einlädt. Am Weiser orientieren wir uns nach rechts in Richtung „Schaabe". Birken und Kiefern begleiten nun unseren Deichweg, der am Bodden entlangführt. Hier und da ermöglicht ein Zugang zum Ufer auch eine willkommene Abkühlung. Unweit eines schütteren Eichengehölzes gelangen wir endlich zur Wanderwege-Infotafel am Orientierungspunkt 3. Wenig später ist auch der Standort der

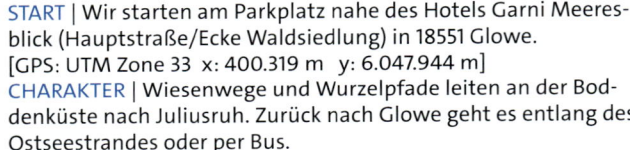

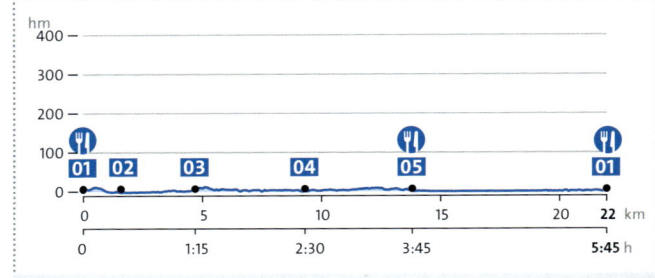

01 Parkplatz, 0 m; 02 Schöpfwerk, 0 m; 03 Infotafel, 0 m; 04 Treppe, 0 m; 05 Juliusruh, 0 m;

Treppenweg am Gelmer Ort.

Infotafel 03 am Orientierungspunkt 4 erreicht. Nach einer Rast auf der hiesigen Panoramabank biegt die Tour rechts – weg von der Küste – ein und hält sich gleich an einer Verzweigung nach 50 m erneut rechts. Die Wanderung verläuft nun kurz am Zaun einer Schonung entlang und gelangt bald zu einem Weiser an einem Querweg. Wir schwenken hier links in Richtung „Breege-Juliusruh" ein. An der Tafel beim Orientierungspunkt 5 gehen wir geradeaus weiter (**nicht** dem Wanderpfeil nach rechts folgen). Geradewegs verläuft die Tour in Boddennähe durch lichten Wald. Bald werden wir auch wieder vom Wanderpfeil begleitet. Am Ufer laden knorrige Kiefern zum Verweilen und zum Genuss des traumhaften Panoramas ein. Ein kleiner Sandstrand verlockt zum Baden. Schließlich leiten **Holztreppen** 04 einige Meter aufwärts, wo der Pfad nun – zunächst recht schmal – fortsetzt. Bald wird der Weg

Die Schaabe

Die Schaabe ist eine knapp 12 km lange Nehrung, die heute die Halbinseln Wittow und Jasmund verbindet. Sie begann sich erst vor ca. 5.000 Jahren zu bilden, als Rügen noch ein Archipel aus verschiedenen Inseln war. Das durch Strömung und Meeresbrandung an deren Küsten abgetragene Sedimentmaterial lagerte sich andernorts wieder an und bildete Sandhaken und Nehrungen. Im Laufe der Jahrtausende erreichte die Schaabe ihre jetzige Ausdehnung sowie eine Breite von bis zu 2 km. Heute trennt sie den Jasmunder Bodden von der Ostsee und punktet mit ihrem traumhaften feinsandigen Strand.

Sandstrand bei Juliusruh.

breiter, passiert eine Gartensparte sowie einen Campingplatz und quert beim Restaurant Windland eine Straße gerade („Juliusruh"). Der Waldweg leitet uns nach Juliusruh, wo wir uns am Weiser in Richtung „Strand/Touristeninfo" orientieren. Im Ort ist zudem der kurze Abstecher in die historische Parkanlage sehr lohnend. Der Park sowie ein heute nicht mehr bestehendes Herrenhaus wurden 1795 von Julius von der Lancken angelegt, womit dieser zum Namensgeber und Gründer von Juliusruh avancierte.

Beim Haus des Gastes folgt die Route dem Fischerweg zum Ostseestrand von **Juliusruh** 05. Für den Rückweg nutzen wir zunächst die Promenade und wandern dann entlang des Strandes zurück nach Glowe. Beim Strandzugang 8 wird schließlich der **Ausgangspunkt** 01 erreicht. Alternativ kann auch die Busverbindung zwischen Juliusruh und Glowe genutzt werden.

ndestrand

haabebucht

Hüttebucht

Klein Gelm

03

NSG

Königshörn

Hafen Glowe

Glowe

Ostseeklin
'10

Svante

Hundestrand Ostsee-
perle

5

01

i

Alt

02

5

0   500 m

GLOWE – SCHAABE

Auf einsamen Pfaden entlang des Großen Jasmunder Boddens

 9,3 km 2:30 h 25 hm 25 hm 737

START | Wir starten an der Bushaltestelle Glowe – Gasthaus Zur Schaabe in der Hauptstraße in 18551 Glowe.
[GPS: UTM Zone 33 x: 401.000 m y: 6.048.050 m]
CHARAKTER | Schmale Pfade, Wiesen- und Waldwege führen ohne nennenswerte Höhenunterschiede entlang des Boddens und zurück nach Glowe.

Aussichtsreich leiten uns stille Wiesenpfade entlang des Boddenufers, bevor wir durch ein Waldgebiet wieder zurück nach Glowe gelangen. Unterwegs laden einige Badestellen zur Erfrischung ein.

▶ Von der **Bushaltestelle** 01 unweit der Touristinformation gehen wir am Gasthaus Zur Schaabe vorbei und biegen nach 100 m ins Sträßchen Alt-Glowe ein („Sagard/Schloss Spyker/Polchow"). Die Route führt aus dem Ort heraus und an einem Unterstand vorbei. Bei den Häusern von **Weddeort** 02 schwenkt die Tour rechts („Waller Ort/Rundweg Roter See") ein. Eine Pappelallee leitet uns hin zu einem kleinen Hafen am Jasmunder Bodden. Hier hält sich die Wanderung rechts und folgt einem schmalen Pfad durch lichten Wald. Bald laufen wir auf sandigem Untergrund aussichtsreich am Boddenufer entlang, wo eine Bank zur Rast einlädt. Schließlich leitet uns die Tour auf einem grasigen Deichweg bis hin zu einem Weiser bei einem **Schöpfwerk** 03

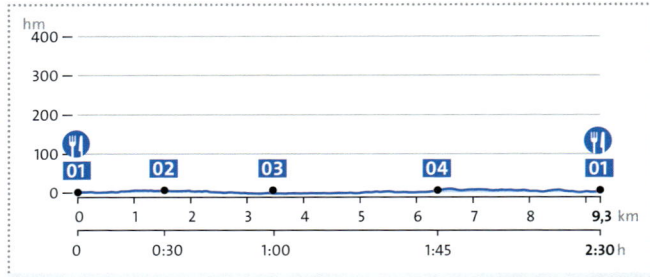

01 Glowe, 0 m; 02 Weddeort, 0 m; 03 Schöpfwerk, 0 m; 04 Infotafel, 0 m;

Küste des Jasmunder Boddens.

– ein schöner Ort für eine Pause. Hier gehen wir schließlich geradeaus in Richtung „Rundweg/Waller Ort" weiter. Birken und Kiefern begleiten nun unseren Deichweg, der weiterhin am Bodden entlangführt. Hier und da ermöglicht ein Zugang zum Ufer auch eine willkommene Abkühlung. Unweit eines schütteren Eichengehölzes gelangen wir endlich zur Wanderwege-Infotafel am Orientierungspunkt 3. Wenig später ist auch der Standort der **Infotafel 04** am Ori-

Königshörn

Hafen Glowe

Glowe

Ostseeklinik
10

ehem. Seefu
"Rügen Radio"

Hundestrand Ostsee-
perle

Svantekahs

Alt Glowe

4

3

Klein Gelm

04

Weddeort

N S

7

S

01

i

1

02

N S G

03

Mittel-
see

0   500 m

Unterwegs auf der Schaabe.

entierungspunkt 4 erreicht. Nach einer Rast auf der hiesigen Panoramabank schwenken wir hier rechts auf einen Waldweg – und damit weg von der Küste – ein.

Nach 50 m hält sich die Route an einer Verzweigung rechts, führt am Zaun einer Schonung entlang und hält sich dann am nahen Weiser in Richtung „Glowe-Mitte". Nach

einiger Zeit stößt die Wanderung auf ein Wohn- und Ferienhausgebiet, verläuft an dessen Rand und folgt schließlich dem Sträßchen Waldsiedlung geradewegs. Den Fahrweg Am Wall überschreitet die Wanderung gerade. Sie führt am Fußball- und am Spielplatz vorbei und hin zur Hauptstraße in **Glowe** 01, wo gleich der Ausgangspunkt erreicht ist.

Der Große Jasmunder Bodden

Der Große Jasmunder Bodden stellt als Randgewässer der südlichen Ostsee eine Lagune dar. Aufgrund seiner Ausdehnung – er ist immerhin 14 km lang und 6 km breit – erreicht er eine Fläche von knapp 60 km². Werden zudem die zahlreichen Nebengewässer – wie Breetzer, Breeger und Lebbiner Bodden sowie die Neuendorfer Wiek und der Tetzitzer See – mit einbezogen, so wächst das Wasserareal auf fast 100 km² an. Lediglich an der Wittower Fähre verfügt der Bodden an seinem äußersten westlichen Ende über eine schmale Verbindung zum Rassower Strom und somit zur Ostsee.

GLOWE – BOBBIN

Spyckerscher See und Schloss Spyker

 12,3 km 3:15 h 75 hm 75 hm 737

START | Wir starten an der Bushaltestelle Glowe – Gasthaus Zur Schaabe in der Hauptstraße in 18551 Glowe.
[GPS: UTM Zone 33 x: 400.996 m y: 6.048.050 m]
CHARAKTER | Befestigte Wege, Radwege und wenig befahrene Straßen führen uns am Ufer des Spyckerschen Sees sowie am Jasmunder Bodden entlang bis hin zum Schloss Spyker.

Spyckerscher See und Mittelsee beeindrucken uns mit ihrem Vogelreichtum, bevor durch aussichtsreiche Felder das falunrote Schloss Spyker inmitten eines romantischen Parks erreicht wird.

▶ Von der Bushaltestelle unweit der Touristinformation in **Glowe 01** gehen wir am Gasthaus Zur Schaabe vorbei und biegen nach 100 m ins Sträßchen Alt-Glowe ein („Sagard/Schloss Spyker/ Polchow"). Die Route führt aus dem Ort heraus und an einem Unterstand vorbei. Bei den Häusern von Weddeort ignorieren wir zunächst den rechts abzweigenden Radweg „Roter See", schwenken dann aber bereits nach kurzer Zeit rechts in Richtung „Schloss Spyker/Polchow" ein. Die Tour überquert bald die kleine **Brücke 02** zwischen dem Mittelsee rechter und dem Spyckerschem See linker Hand. Der grandiose Blick über die vogelreichen Gewässer lädt hier zum Verweilen ein. Beide Seen – die einst als Buchten Teil des Großen Jasmunder Boddens waren – sowie ihre Uferbereiche genießen heute den Status eines

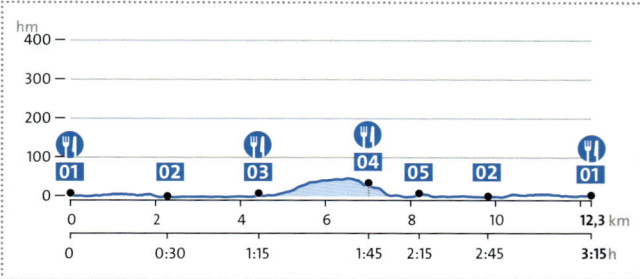

01 Glowe, 0 m; **02** Brücke, 0 m; **03** Polchow, 0 m; **04** Bobbin, 28 m; **05** Schloss, 2 m;

Falunrot

Bei der Umgestaltung des Schlosses im 17. Jahrhundert ließ der schwedische Reichsmarschall Carl Gustav Wrangel einen für Rügen ungewöhnlichen falunroten Putz auftragen. Bei der Herstellung der Farbe Falunrot – auch als Schwedenrot bezeichnet – wird ein Pigment verwendet, das aus dem schwedischen Bergbauort Falun stammt. Hier gilt es als Nebenprodukt des Kupferbergbaus und wird aus den hiesigen Abraumhalden gewonnen. Die seit dem 16. Jahrhundert verwendete Farbe ist in Schweden auch heute noch sehr beliebt und vor allem in ländlichen Gebieten weit verbreitet.

Naturschutzgebietes. An der Verzweigung 400 m weiter wandern wir beim hiesigen Unterstand nach rechts („Polchow"). Der Weg verläuft nun aussichtsreich am Schilfsaum des Großen Jasmunder Boddens entlang nach **Polchow** `03`. An der Straßenkreuzung im Zentrum der kleinen Siedlung leitet uns die Radwegbeschilderung („Stubbenkammer/Glowe") nach links.

Die Wanderung passiert die Fischräucherei Peters sowie die Gaststätte Am Jasmunder Bodden und erreicht das Ortsausgangsschild. Auf der wenig befahrenen Alleestraße gelangen wir schließlich zur Landstraße, die wir vorsichtig überqueren. 100 m weiter orientiert sich die Tour am Radweiser „Glowe/Schloss Spyker" nach links und erreicht endlich in leicht abfallendem Gelände den kleinen Ort **Bobbin** `04`, wo wir mit schönem Blick auf die Kirche St. Pauli aus dem späten 13. Jahrhundert wieder auf die Landstraße stoßen. Wir nutzen nun den Fußweg neben dieser und schwenken 400 m nach dem Ortsausgangsschild am Radweg links zum Schloss Spyker hin ein. Das falunrote **Schlosshotel** `05` ist von einem romantischen Park

umgeben. Es wurde 1318 erstmals erwähnt und gilt als ältester erhaltener Profanbau auf Rügen. In seiner heutigen Gestalt entstand es allerdings erst im 17. Jahrhundert, als es zum Besitz des schwedischen Reichsmarschalls Carl Gustav Wrangel gehörte. Wir lassen uns hier von der Beschilderung „Glowe" sowie vom Grünen Wanderpfeil leiten und wandern bald wieder am Schilfgürtel des Spyckerschen Sees entlang. Schließlich überschreitet die Route erneut die bereits bekannte **Fußgängerbrücke** `02` zwischen den beiden Seen und verläuft nun zurück nach **Glowe** `01`.

Schloss Spyker.

Der vogelreiche Spyckersche See.

SAGARD – SASSNITZ

In den Nationalpark Jasmund

 12,2 km 3:15 h 175 hm 155 hm 737

START | Wir starten am Markt bei der Kirche von 18551 Sagard.
[GPS: UTM Zone 33 x: 406.460 m y: 6.043.037 m]
CHARAKTER | Verkehrsarme Pflastersträßchen sowie Waldwege und Wurzelpfade leiten uns über die Halbinsel Jasmund und durch den gleichnamigen Nationalpark.

Auf uralten, verkehrsarmen Pflastersträßchen wandern wir – vorbei an bronzezeitlichen Hügelgräbern – aussichtsreich bis in den Nationalpark Jasmund. Hier führen uns Waldwege und Wurzelpfade durch den herrlichen – seit 2011 zum UNESCO-Weltnaturerbe zählenden – Buchenwald und vorbei an den berühmten Wissower Klinken nach Sassnitz.

▶ Die Tour beginnt am **Markt 01** bei der ursprünglich aus dem 13. Jahrhundert stammenden Kirche und folgt der August-Bebel-Straße (die Kirche im Rücken) nach rechts. Wir passieren den Friedhof und wenden uns gleich danach beim Weiser nach rechts in Richtung „Neddesitz/Stubbenkammer". Das Sträßchen trägt noch das Pflaster von 1860. Nach circa 1,5 km biegt die Wanderung an einer Verzweigung beschildert („Sassnitz/Promoisel") rechts ein. Entsprechend der Destination hält sich die Route 200 m weiter erneut rechts. Der gepflasterte Weg leitet uns nun bis hin zu den Hügelgräbern bei Promoisel, die auf einer Anhöhe als Bauminseln auf freiem Feld zu entdecken sind. Rechts der kleinen Straße fallen

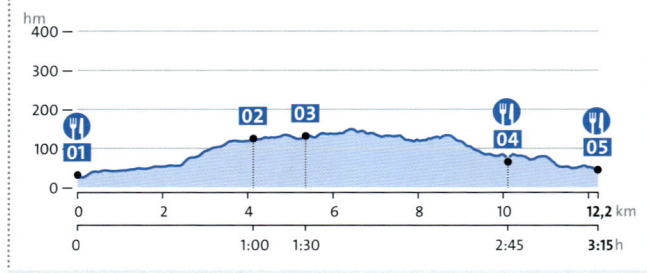

01 Sagard, 27 m; **02** Promoisel, 122 m; **03** Rusewase, 117 m;
04 Wissower Klinken, 43 m; **05** Sassnitz, 34 m;

Bei Promoisel.

Kreidebrüche auf, für die das Gebiet um Sagard bekannt ist. Vor allem im 19. und in der ersten Hälfte des 20. Jahrhunderts war der Abbau der Rügener Kreide wirtschaftlich bedeutsam. Bald werden die wenigen Gebäude von **Promoisel** `02` passiert. Wir gehen nun stets geradeaus in Richtung „Sassnitz/Hagen" und ignorieren Abzweigungen. Die Wanderung leitet uns bald durch den Weiler **Rusewase** `03`. Danach erreichen wir das Gebiet des Nationalparks Jasmund und orientieren uns nun an der Destination „Wissower Klinken/UNESCO-Welterbeforum". Entsprechend schwenken wir kurze Zeit später bei einem Unterstand rechts auf einen befestigten Weg ein, der allerdings gleich wieder nach links verlassen wird. In der Folge behalten wir die genannte Beschilderung im Auge und queren schließlich eine Landstraße gerade. Wir wandern nun unter dem dichten Blätterdach mächtiger Buchen – seit 2011 gehören die jahrhundertealten Buchenbestände des Nationalparks

Bei den Wissower Klinken.

Dunkle Wolken über der Sagarder Flur.

zum UNESCO-Weltnaturerbe. Bezug darauf nimmt des Welterbeforum, das auf einer Lichtung mit einer kleinen Ausstellung sowie einem Bistro zur Rast einlädt. Die **Wissower Klinken** 04 – eine der bekanntesten Formationen der Kreideküste Rügens – liegen hier nur wenige Schritte entfernt. Deren beide Hauptzinnen stürzten allerdings im Februar 2005 in Folge der Brandungserosion in

Brücke beim Abstieg nach Sassnitz.

die Tiefe. 50.000 m³ Kreide verschwanden dabei im Meer. Zurück am Welterbeforum treten wir nun von hier aus den Weg nach Sassnitz an. Recht steil laufen wir talwärts, queren auf einer Brücke den Lenzer Bach und erreichen den Ortsrand von **Sassnitz** 05 an der Bushaltestelle am Ende der Weddingstraße. Der Stadtbus fährt von hier aus die Altstadt sowie den Bahnhof/Busbahnhof an.

SASSNITZ – WELTERBEFORUM

Zu den Wissower Klinken

 4,4 km 1:15 h 120 hm 120 hm 737

START | Wir starten an der Stadtbushaltestelle Sassnitz-Wedding am Ende der Weddingstraße in 18546 Sassnitz.
[GPS: UTM Zone 33 x: 413.607 m y: 6.042.436 m]
CHARAKTER | Die kurze Rundtour führt auf Wurzelpfaden durch den Nationalpark Jasmund.

Die recht kurze Tour entführt den Wanderer entlang des Hochuferweges in die naturbelassenen Buchenwälder des Nationalparks Jasmund. Dabei steuern wir die berühmten Wissower Klinken an der Kreideküste sowie das einladende UNESCO-Welterbeforum an.

▶ Die Wanderung beginnt in **Sassnitz-Wedding** `01` an der gleichnamigen Bushaltestelle des Stadtbusses. Wir orientieren uns hier an der Beschilderung „Wissower Klinken/Welterbeforum" und wählen entsprechend den rechten Weg, der bald am Hochufer der Kreideküste entlangführt. Die ersten Meter leiten uns durch eine kleine Senke, bevor der Wurzelpfad moderat durch urigen Buchenwald ansteigt. Die teilweise jahrhundertealten Buchenbestände des Nationalparks Jasmund wurden 2011 mit der Aufnahme ins UNESCO-Weltnaturerbe geadelt. Schon nach kurzer Zeit weist ein Schild auf die **Piratenschlucht** `02` hin, in der ein Treppenweg die Möglichkeit eines Abstiegs hinab zum Strand am Fuß der Kreideküste des Gakower Ufers bietet. Der Name der

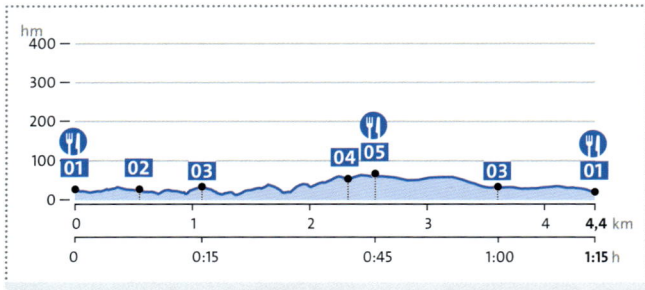

`01` Sassnitz-Wedding, 35 m; `02` Piratenschlucht, 27 m; `03` Brücke, 52 m;
`04` Wissower Klinken, 51 m; `05` UNESCO-Welterbeforum, 42 m;

Kreidefelsen.

D

138 **Jasmund** 122 65 Tipper Ort
Trenzer Berg E.-M.-Arndt-Sicht
151 Wappenbuche Schnaks Ufer

121 Steinbach UNESCO-Welterbeforum **05** 71 Wissower Klinken **04**

Werder

119

NHAGEN Zwillingsbuche **03** Hengst

erienheim **9** **02** Gakower
irkengrund Uferabstieg
(Piratenschlucht)

62 **P** **P** 64 **01** Uferabstieg

Klein-Helgoland

Seesteg

Sassnitz **SASSNITZ**
gen. Therme Hafen-u. 25
Fischereimus.

U-Boot Liegeplatz

61 Europ. längste Außenmole

0 500 m

UNESCO-Welterbe Buchenwälder

493 ha der naturbelassenen Buchenwälder des Nationalparks Jasmund wurden 2011 mit der Aufnahme ins UNESCO-Welterbe geadelt. Obwohl Buchenwälder Europas ursprüngliche Wildnis darstellten, sind diese Urwälder heute bis auf kleine Reste verschwunden. Deshalb hat die UNESCO 94 besonders wertvolle Bestände in 18 Staaten zu einem Welterbe zusammengefasst. Allein in Deutschland zählen fünf ganz unterschiedliche Gebiete dazu.

Schlucht erinnert an den berühmten Freibeuter Klaus Störtebeker, der im 14. Jahrhundert an diesem Ort Zuflucht gesucht haben soll. Wieder auf dem Hochuferweg leitet uns die Route bald zur **Brücke 03** über den Lenzer Bach. Nach deren Querung wendet sich die Wanderung wieder zum Hochuferweg, der nun hin und wieder beeindruckende Blicke auf die Kreidefelsen des Wissower Ufers ermöglicht. Bald passieren wir den Abzweig zum „Welterbeforum" geradewegs und gehen hier nur noch knapp 100 m geradeaus bis zum Orientierungspunkt N-9. Hier hat man einen schönen Blick auf die berühmten **Wissower Klinken 04** – eine der bekanntesten Formationen der Kreideküste Rügens. Deren beide Hauptzinnen stürzten allerdings im Februar 2005 in Folge der Brandungserosion in die Tiefe. 50.000 m³ Kreide verschwanden dabei im Meer. Wir gehen das kurze Stück zurück zum Weiser und biegen nun zum **UNESCO-Welterbeforum 05** hin ein. Dieses lädt mit einer kleinen Ausstellung sowie einem Bistro zur Rast ein. Von hier treten wir schließlich den Rückweg nach „Sassnitz-Wedding" an, der am Rande der Lichtung beginnt. Recht steil laufen wir talwärts, queren erneut die **Brücke 03** über den Lenzer Bach und erreichen am Ortsrand von **Sassnitz 01** die uns bekannte Bushaltestelle.

Urige Buchenwälder prägen den Nationalpark.

HAGEN – STUBBENKAMMER

Herthasee, Königsstuhl und Victoriasicht – Highlights am laufenden Meter

17,1 km | 4:30 h | 290 hm | 290 hm | 737

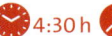

START | Wir starten am Großparkplatz Hagen, Stubbenkammerstraße 57 in 18551 Hagen.
[GPS: UTM Zone 33 x: 411.114 m y: 6.046.954 m]
CHARAKTER | Lange und ausgesprochen spektakuläre Rundtour auf Wurzelpfaden und Waldwegen, wobei etliche Höhenmeter zu bewältigen sind.

Zahlreiche spektakuläre Highligts begleiten uns auf dieser längeren Tour, die neben dem Herthasee und dem Königsstuhl auch die Victoria- sowie die Ernst-Moritz-Arndt-Sicht und die Wissower Klinken ansteuert.

Am **Wanderparkplatz** 01 in Hagen gehen wir zum Startpunkt der Wanderwege und wählen den gelben Weg in Richtung „Herthasee“. Nur für etwa 400 m folgt die Route dem befestigten Weg, dann schwenken wir am Weiser rechts („Herthasee/Königsstuhl“) in den für Radler gesperrten Weg ein und passieren gleich einen idyllischen Teich. Die Tour verläuft nun durch den naturbelassenen Buchenurwald des Nationalparks, orientiert sich an Verzweigungen an der genannten Destination sowie am grünen Wanderpfeil und erreicht schließlich den malerisch gelegenen **Herthasee** 02. Der Name speist

01 Wanderparkplatz, 132 m; 02 Herthasee, 104 m; 03 Königsstuhl, 115 m; 04 Kollicker Ufer, 36 m; 05 Kieler Bach, 18 m; 06 Welterbeforum, 55 m; 07 Unterstand, 116 m;

Blick auf den Königsstuhl.

sich aus einem Mythos um die kultische Verehrung der gleichnamigen germanischen Erdgöttin, welcher bei Tacitus Erwähnung findet. Wenige Schritte weiter passieren wir mit der so genannten Herthaburg zudem die Reste eines slawischen Burgwalls. Auch die sagenumwobenen Opfersteine – zu denen gleich ein Kurzabstecher führt – sind mit der Herthasage verbunden. Bald gelangen wir zur Straße und gehen die wenigen Meter bis zum Nationalparkzentrum mit informativer Erlebnisausstellung sowie der spektakulären Skywalk-Plattform über dem **Königsstuhl** 03 – beides (kostenpflichtige) Highlights, die man sich nicht entgehen lassen sollte.

Von der Bushaltestelle vor dem Nationalparkzentrum verläuft die Tour nun in Richtung „Victoria-Sicht", womit sie dem Hochuferweg entlang der Kreideküste folgt. Die nahe Victoriasicht – benannt nach der preußischen Prinzessin, die den Aussichtspunkt 1865 besuchte –

Die Herthaburg

Obwohl der Name der Herthaburg einen germanischen Ursprung der Anlage vermuten lässt, stammt die Burg wohl aus slawischer Zeit. Anhand von Keramikscherben ließ sich die Nutzung der Feste zumindest in das 10. Jahrhundert datieren. Ihre Ausmaße müssen Zeitgenossen beeindruckt haben, denn die Befestigungen umschlossen ein Areal von 120 m Länge und 60 m Breite. Dabei wirkten auch die Wälle mit einer Höhe von bis zu 17 m ausgesprochen mächtig. Ihre äußeren Seiten waren wohl zum besseren Schutz vor Angreifern komplett mit Holz oder Steinen verkleidet.

Blick beim Kollicker Ufer auf die Kollicker und Kieler Felsen.

Bohlenweg beim Kieler Bach.

kann mit einem grandiosen Blick auf den Königsstuhl aufwarten. Wir lassen uns nun von der Beschilderung „Kollicker Ufer/Wissower Klinken" leiten und erreichen endlich das **Kollicker Ufer** `04`. Die Wanderung setzt sich geradewegs fort, überschreitet den Kollicker Bach und gelangt etwa 300 m weiter zum vielleicht eindrucksvollsten Aussichtspunkt der Tour. Der Blick schweift hier weit südwärts über die Kreideküste des Kollicker, Kieler und Fahrnitzer Ufers. Bei den Treppen am **Kieler Bach** `05` laden schließlich Bänke zur Rast, zudem lockt hier ein Treppenabstieg zum Strand.

Wir wandern auf und ab durchs dichte Grün, passieren den Tipper Ort sowie die ebenfalls spektakuläre Ernst-Moritz-Arndt-Aussicht und erreichen schließlich (nach einigen Treppen) beim Orientierungspunkt N-9 die berühmten Wissower Klinken. Seit dem durch Brandungserosion ausgelösten Felssturz im Jahre 2005 haben diese allerdings einiges an Höhe eingebüßt. Wenige Schritte weiter schwenkt die

Tour beim Weiser zum **Welterbeforum** `06` (Bistro, Ausstellung) in der historischen Waldhalle hin ein. Nach einer Rast gehen wir in Richtung „Werder" weiter. Entsprechend dieser Destination – später ist die Beschilderung „Rusewase" maßgeblich – erreichen wir etwa 1,5 km nach dem Welterbeforum den Orientierungspunkt N-24. Hier schwenkt die Route rechts ein und gelangt bald (an der nächsten Gabelung entsprechend dem grünen Wanderpfeil links) an die Straße.

Wir überschreiten diese gerade und folgen dem Forstweg gegenüber. Am nächsten Richtungszeiger circa 700 m von der Straße entfernt hält sich die Wanderung rechts in Richtung „Rusewase". Auch beim nahen nächsten Weiser folgen wir dieser Destination. Wir gelangen gleich zu einem **Unterstand** `07` an einer X-Kreuzung. Diese geradewegs hin zu einem Pflasterweg („Parkplatz Hagen") überschritten. Nach etwa 600 m wendet sich die Wanderung auf den Radweg nach links („Parkplatz Hagen"), welcher uns bis zum **Ausgangspunkt** `01` leitet.

HAGEN – KOLLICKER ORT

Zum Skywalk auf dem Königsstuhl

 10,1 km 2:45 h 205 hm 205 hm 737

START | Wir starten am Großparkplatz Hagen, Stubbenkammer-straße 57 in 18551 Hagen.
[GPS: UTM Zone 33 x: 411.110 m   y: 6.046.954 m]
CHARAKTER | Waldwege und Wurzelpfade führen zur Stubben-kammer und entlang des Hochuferweges.

Die ausgesprochen schöne Rund-tour führt durch traumhaften – seit 2011 als Weltnaturerbe geschützten – Buchenwald und verbindet zahlreiche Highlights des Nationalparks Jasmund. Ne-ben dem Königsstuhl gehören dazu auch der sagenumwobene Herthasee und ein Abstecher zum vielleicht schönsten Panorama-punkt der Kreideküste.

▶ Am **Wanderparkplatz in Hagen 01** gehen wir zum Startpunkt der Wanderwege und wählen den „gelben" Weg in Richtung „Herthasee". Nach 400 m schwenkt die

Route am Weiser rechts („Hertha-see/Königsstuhl") in den für Rad-ler gesperrten Weg ein und führt gleich an einem Teich vorüber. Der naturbelassene Buchenurwald des Nationalparks begleitet die Tour, welche sich an Verzweigun-gen an der genannten Destinati-on sowie am grünen Wanderpfeil orientiert. Schließlich wird der malerisch gelegene **Herthasee 02** erreicht. Der Name des Gewässers leitet sich von der germanischen Erdgöttin her, die schon von Taci-tus in seiner Schrift Germania er-wähnt wurde. Gleich darauf wird mit der so genannten Herthaburg

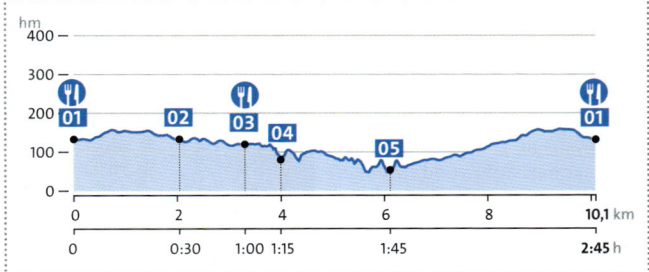

01 Parkplatz Hagen, 132 m; 02 Herthasee, 134 m; 03 Königsstuhl, 118 m;
04 Victoriasicht, 104 m; 05 Aussichtspunkt Kolliker Ufer, 60 m;

Der Opferstein am Herthasee

Unwillkürlich wird man von einem leichten Grusel befallen, kommt man beim Herthasee vor dem sagenumwobenen Opferstein zum Stehen. Hier sollen – wie bei Tacitus beschrieben – der germanischen Erdgöttin Menschenopfer dargebracht worden sein. Deren Blut floss – durch eine eigens dafür eingearbeitete Rinne – in eine Opferschale. Wirft man jedoch einen Blick auf die nahe Infotafel, verflüchtigt sich die Beklemmung recht schnell wieder: Der Stein wurde erst um 1890 vom geschäftstüchtigen Wirt des nahen Gasthofs am Königsstuhl hier platziert – als PR-Maßnahme für seine Gaststätte.

zudem ein slawischer Burgwall passiert. Auch die mystischen Opfersteine – zu denen gleich ein Kurzabstecher führt – sind mit der Herthasage verbunden. Nach Erreichen der Straße gelangen wir bald zum Nationalparkzentrum mit seiner informativen Erlebnisausstellung und der spektakulären Skywalk-Plattform über dem **Königsstuhl 03**.

Von der Bushaltestelle vor dem Nationalparkzentrum verläuft die Tour nun in Richtung „Victoria-Sicht", womit sie dem Hochuferweg entlang der Kreideküste folgt. Die nahe **Victoriasicht 04** wurde nach der preußischen Prinzessin benannt, die den Aussichtspunkt 1865 besuchte. Der Felsen kann mit einem grandiosen Blick auf den Königsstuhl aufwarten. Wir lassen uns nun von der Beschilderung „Kollicker Ufer/Wissower Klinken" leiten und erreichen knapp 2,5 km nach dem Königsstuhl und wenige Schritte vor dem Kollicker Bach den Weiser am Kollicker Ufer. Hier schwenkt die Route rechts in Richtung „Parkplatz Hagen 3,8 km" ein. Zunächst überschreiten wir allerdings noch den Kollicker Bach und gelangen etwa 300 m

zum vielleicht eindrucksvollsten **Aussichtspunkt 05** der Tour. Der Blick schweift hier weit südwärts über die Kreideküste des Kollicker, Kieler und Fahrnitzer Ufers. Wir kehren nun zum Weiser am Kollicker Ufer zurück und wandern in Richtung des „Parkplatzes Hagen". Die Route verläuft nun stets geradeaus, zunächst noch unweit des Kollicker Baches. Schließlich stoßen wir auf eine Landstraße, queren diese und folgen dem Pfad gegenüber. Nach einer weiteren Überschreitung der Straße wird nach wenigen Schritten der **Wanderparkplatz in Hagen 01** erreicht.

Wurzelwege leiten durchs dichte Grün des Nationalparks.

Kreideküste.

Lohme

61 · 68

Ranzow

Stubbenhörn

Ganggrab

Schl.
Ranzow

Teufelsgrund

Nationalparkzentrum

siegnitz

Schwierenzer
Baumhaus

STUBBEN-
KAMMER

Königsstuhl

Waschstein

Große Stubbenkammer

Mammutbaum

03

118

Königsstuhl

Magelowberg

118

Pfenninggrab

109 · 60

Herthaburg

110

Viktoriasicht

Kleine
Stubbenkammer

Äser Ort

Herthasee

02

04

für PKW
gesperrt

11

Altes
Torfmoor

11

UNESCO-

Kollicker Ort

01

11

Baumhaus
Hagen

144

11

Kollicker Berge

Kollicker
Ufer

kleine
sterei

Holzkoppel

Stubnitz

65

Welt-

05

Auguste-
Viktoria-Sicht

N a t i o n a l p a r k

161 ·
P i e k b e r g

· 127

Kieler Kämme

Victoriastein

Uferabstieg

Kieler

Kieler Bach

0   500 m

140

n a t u r e r b e

Fahrnitzer Berge

Teufelsstein

Ufer

Baumhaus
Borrin

LOHME – KÖNIGSSTUHL

Hinauf zur Stubbenkammer!

  10,8 km 3:00 h 205 hm 205 hm 737

START | Wir starten an der Aussichtsterrasse über dem Hafen von Lohme (Zum Hafen) in 18551 Lohme.
[GPS: UTM Zone 33 x: 410.146 m y: 6.049.359 m]
CHARAKTER | Auf einem befestigten Weg erreichen wir den Königsstuhl, bevor uns Wurzelpfade wieder hinab nach Lohme leiten.

Die Route führt uns durch den urwüchsigen Buchenwald des Nationalparks und hin zur Stubbenkammer mit dem berühmten Königsstuhl. Abstecher bringen uns zudem zum pittoresken Herthasee sowie zur Victoriasicht.

▶ Von der **Aussichtsterrasse über dem Hafen** 01 genießen wir die Fernsicht bis zum Kap Arkona und folgen dann dem Sträßchen Zum Hafen bergan. Am Weiser an der Arkonastraße halten wir uns links in Richtung („Ranzow/Stubbenkammer"). Erst am Ortsausgangsschild schwenkt die Route dann links nach „Ranzow" ein. Im **Ort** 02, der vom schlossartigen Bau des Golfhotels dominiert wird, achten wir auf die Radwegbeschilderung und den grünen Wanderpfeil. Vorbei am Golfplatz taucht die Tour in den Wald – und damit zugleich in den Nationalpark – ein. Entsprechend der Destination „Königsstuhl/Stubbenkammer" (am Weiser 500 m nach dem Waldrand geht es geradeaus weiter) wird schließlich – zuletzt auf einem befestigten Weg – eine Straße erreicht, der wir links zum Nationalparkzentrum am Königsstuhl folgen. Zuvor lohnt hier aber auch der kurze Abstecher zum

01 Lohme, 43 m; 02 Ranzow, 77 m; 03 Herthasee, 128 m;
04 Königsstuhl, 119 m; 05 Victoriasicht, 81 m; 06 Strandabstieg, 23 m;

Dem Himmel nah – der Skywalk auf dem Königsstuhl

Bis zu 48 m tief gründen die Fundamente des tragenden Mastes und der Abspannseile im felsigen Untergrund. Schließlich bringt die mächtige Brückenkonstruktion des 2023 eröffneten Skywalks über dem Königsstuhl auch 400 Tonnen auf die Waage. 13 einzelne Brückenteile mussten für denn 185 m langen Rundweg verschraubt und verschweißt werden. Dieser schwebt nun als große Ellipse über dem Plateau des 118 m hohen Königsstuhls und schützt diesen vor weiterer Erosion durch die zahlreichen Besucher. Baukosten: ca. 11 Mio Euro.

pittoresken und sagenumwoben **Herthasee** `03` sehr. Danach sollte man sich weder den Besuch der Erlebnisausstellung im Nationalparkzentrum noch die grandiose Aussicht vom 2023 fertiggestellten Skywalk über dem **Königsstuhl** `04` entgehen lassen. Von der Bushaltestelle beim Kassenhäuschen bietet es sich zudem noch an, auch die nahegelegene und gut ausgeschilderte **Victoriasicht** `05` zu besuchen. Dann folgen wir der Beschilderung beim Weiser am Kassenhäuschen in Richtung „Lohme". Die Route verläuft nun 150 m auf der Straße und schwenkt dann beim Funkmast rechts auf einen Waldweg ein. Wir achten auf den grünen Wanderpfeil sowie die

Schmale Pfade führen zum Lohmer Hafen.

Markierung Blaustrich und kommen gleich am Teufelsgrund vorüber. Die Tour nähert sich der Steilküste an, führt an einigen Bänken vorüber und orientiert sich weiterhin an der Destination „Lohme". Auf einer Brücke queren wir den Gesnicker Bach. Kurze Zeit später bietet sich ein **Abstecher zum Strand 06** an, nach dem sich die Wanderung auf dem Hochuferweg fortsetzt.

Bei einem beschilderten Treppenabstieg bleibt die Route schließlich dem Blaustrich treu und folgt diesem hinab in Richtung „Lohme Hafen". Bald ist nun der Ort erreicht, wo wir uns zur **Aussichtsterrasse oberhalb des Hafens 01** hin orientieren. Die Tour kann man dann gemütlich im nahen Café Niedlich ausklingen lassen.

Das Schlosshotel in Ranzow.

SASSNITZ – LOHME

Rügens Kreideküste komplett!

 13 km ⏱ 3:30 h ↗ 385 hm ↘ 395 hm 📖 737

START | Wir starten an der Stadtbushaltestelle Sassnitz-Wedding am Ende der Weddingstraße in 18546 Sassnitz.
[GPS: UTM Zone 33 x: 413.605 m y: 6.042.432 m]
CHARAKTER | Auf Waldwegen und Wurzelpfaden wandern wir unter stetem Auf und Ab an Rügens Kreideküste entlang.

Die traumhafte Tour führt entlang des Hochuferweges zwischen Sassnitz und Lohme und verbindet so zahlreiche spektakuläre Kreideformationen und Panoramapunkte der rügischen Steilküste.

▶ Bei der Bushaltestelle in **Sassnitz-Wedding** `01` orientieren uns an der Beschilderung „Wissower Klinken/Welterbeforum" und wählen entsprechend den rechten Weg, der bald am Hochufer der Kreideküste entlangführt. Bald geht es auf einem Wurzelpfad moderat durch urigen Buchenwald bergan. Die teilweise jahrhundertealten Bu-

chenbestände im Nationalpark gehören seit 2011 zum UNESCO-Weltnaturerbe. Gleich zu Beginn weist ein Schild auf die Piratenschlucht hin, in der ein Treppenweg hinab zum Strand am Fuß des Gakower Ufers führt. Einst soll hier der berühmte Freibeuter Klaus Störtebeker Zuflucht gesucht und einen Teil seiner Beute versteckt haben. Zurück auf dem Hochuferweg wird bald der Lenzer Bach überschritten. Nach dessen Querung wendet sich die Wanderung wieder zum Hochuferweg mit schönen Blicken auf die Kreidefelsen des Wissower Ufers hin. Schließlich passieren wir den

`01` Sassnitz-Wedding, 45 m; `02` Welterbeforum, 81 m; `03` Kieler Bach, 52 m; `04` Kollicker Ufer, 61 m; `05` Königsstuhl, 117 m; `06` Lohme, 31 m;

Blick beim Kollicker Ufer auf die Kollicker und Kieler Felsen.

Abzweig zum **Welterbeforum** `02`. Hier lohnt der Kurzabstecher zum nahen Wanderstützpunkt, der mit einer kleinen Ausstellung und einem Bistro zur Rast einlädt. Wieder an der Steilküste, kommen wir nach wenigen Schritten an den berühmten Wissower Klinken vorüber. Deren Hauptzinnen stürzten allerdings im Februar 2005 in Folge der Brandungserosion in die Tiefe. 50.000 m³ Kreide verschwanden dabei im Meer. Im weiteren Verlauf führt uns die Route in Richtung „Stubbenkammer/Königsstuhl" an zahlreichen spektakulären Panoramapunkten vorüber, zu denen auch

die Arndt-Aussicht gehört. Beim **Kieler Bach** `03` lockt ein Treppenabstieg zum Strand. Etwa 600 m weiter erwartet uns der wohl eindrucksvollste Aussichtspunkt der Tour.

Der Blick schweift hier weit südwärts über die Kreideküste des Kollicker, Kieler und Fahrnitzer Ufers. Wir wandern dann geradewegs am Weiser am **Kollicker Ufer** `04` vorüber und stoßen nach einiger Zeit auf die Victoriasicht mit beeindruckendem Blick auf den nahen Königsstuhl. Wenig später gelangt die Tour nun zum Nationalparkzentrum mit informa-

Kreideküste nahe Stubbenkammer.

Schwanenstein Panorama
Hankenufer
06
61
68
13
Lohme
Ranzow
Stubbenhörn
Teufelsgrund
Nationalparkzentrum
Königsstuhl
Waschstein
STUBBEN-
KAMMER
05
Mammutbaum
Große Stubbenkammer
118
Königsstuhl
Viktoriasicht
118
Kleine Stubbenkammer
110
Äser Ort
13
küstenfunk-
stelle
13
Ganggrab
Schl. Ranzow
109
Herthaburg
60
Schwierenzer Baumhaus
Herthasee
Giegnitz
row
Magelowberg
64
118
Pfenninggrab
für PKW gesperrt
UNESCO
Kollicker Ort
Hagen
Altes Torfmoor
04
Kollicker Ufer
Kleine Försterei
Baumhaus Hagen
Kollicker Berge
65
Holzkoppel
144
153
Auguste-Viktoria-Sicht
Victoriastein
03
Uferabstieg
Stubnitz
Welt-
Kieler Kämme
Kieler
161
Nationalpark
naturerbe
127
Kieler Bach
13
Fahrnitzer Ufer
140
Piekberg
Fahrnitzer Berge
Teufelsstein
122
UND
Baumhaus Bornn
Jasmund
65
Tipper Ort
RUSEWASE
138
Wappenbuche
E.-M.-Arndt-Sicht
Schnaks Ufer
Trenzer Berg
151
UNESCO
Welterbeforum
02
Wissower Klinken
121
Steinbach
71
Kreidebruch
Werder
U
N
D
119
Zwillingsbuche
Hengst
DARGAST
BUDDENHAGEN
Ferienheim Birkengrund
13
Gakower Uferabstieg (Piratenschlucht)
Lenzberg
64
13
Lanckan
102
62
01
Uferabstieg
116
Klein-Helgoland
Rügen-Hotel Sassnitz
Rügen Therme
Hafen-u. Fischereimus.
SASSNITZ
25
Seesteg
U-Boot Liegeplatz
61
Europ. längste Außenmole
Schmetterlings park
sgräber-

0   450 m

Beim Königsstuhl.

tiver Erlebnisausstellung und der spektakulären, erst 2023 eröffneten, Skywalk-Plattform über dem **Königsstuhl** 05. Dann gehen wir beim Weiser am Kassenhäuschen in Richtung „Lohme". Die Route bleibt kurz auf der Straße und schwenkt dann beim Funkmast rechts auf einen Waldweg ein. Wir achten auf den grünen Wanderpfeil sowie die Markierung Blaustrich, passieren den Teufelsgrund und nähern uns der Steilküste an. Auf einer Brücke quert die Tour den Gesnicker Bach. Kurze Zeit später bietet sich ein Abstecher zum Strand an, nach dem sich die Wanderung auf dem Hochuferweg fortsetzt. Bei einem beschilderten Treppenabstieg gehen wir schließlich entsprechend dem Blaustrich hinab in Richtung „Lohme Hafen".

In **Lohme** 06 orientieren wir uns zur Aussichtsterrasse oberhalb des Hafens hin, wo das Café Niedlich zu einer idyllischen Einkehr mit Blick auf das Kap Arkona einlädt.

Stille Pfade bei Lohme.

LIETZOW – SAGARD

Durch den Semperwald zum Martinshafen

 10,1 km 2:45 h 110 hm 95 hm 737

START | Wir starten an der Bushaltestelle Lietzow (Boddenstraße/Ecke Waldstraße) in 18528 Lietzow.
[GPS: UTM Zone 33 x: 403.253 m y: 6.038.355 m]
CHARAKTER | Wald- und Wiesenwege sowie Wurzelpfade führen uns durch den Semperwald bei Lietzow und die Weiden beim Jasmunder Bodden. Ein Pflastersträßchen bringt uns zuletzt nach Sagard.

Gleich bei Lietzow erwarten uns der Strand am Großen Jasmunder Bodden sowie der urige Semperwald. Später wird durch aussichtsreiche Weiden der Martinshafen erreicht, bevor wir das letzte Wegstück nach Sagard bewältigen.

▶ Von der **Bushaltestelle Lietzow** 01 folgen wir der Treppe hinab zum Strand am Großen Jasmunder Bodden und orientieren uns am dortigen Radweg nach rechts (nördlich). Bald wandern wir bergan. Nach circa 800 m

zweigt die Route vom Radweg auf einen Pfad durch den Semperwald in Richtung „Polchow" ab. An einer nahen Kreuzung nutzen wir den mit dem grünen Wanderpfeil gekennzeichneten Pfad gegenüber und erreichen gleich die romantische Ruine des **Wasserturmes** 02, der einst der Versorgung des nahen, neobarocken Schlosses Semper diente. Das Herrenhaus liegt nur wenige Schritte entfernt und wurde zuletzt vom Polizeierholungswerk genutzt. Beim Tor des Anwesens biegen wir mit dem

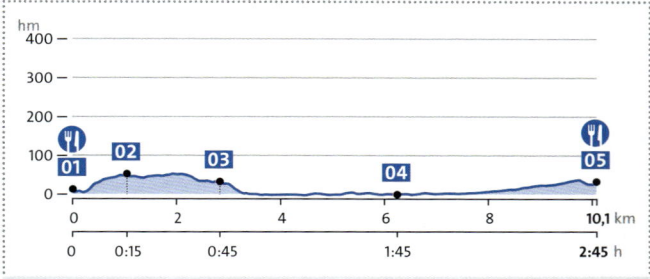

01 Lietzow, 9 m; 02 Wasserturm, 41 m; 03 Aussichtspunkt, 19 m;
04 Martinshafen, 0 m; 05 Sagard, 27 m;

Gelb blüht der Raps bei Sagard.

Teerweg, schwenkt hier zunächst links sowie nach nur 10 m gleich wieder rechts ein. Die Wanderung verläuft nun am Schilfsaum des Großen Jasmunder Boddens entlang und gewährt schöne Aussichten über das Küstenhinterland. An einer Asphaltstraße hält sich die Tour links hin zu einigen Häusern und gelangt gleich zu einem Weiser. Hier unternehmen wir den kurzen Abstecher zum **Martinshafen 04**, wo man von der weit ins Wasser hineinragenden Landzunge einen beeindruckenden Blick genießen kann. Das flache Wasser eignet sich hier gut zum Kitesurfen. Wir kehren zum Weiser zurück und gehen nun unmarkiert geradeaus (**nicht** nach „Polchow") weiter. Zwischen Getreidefeldern führt die Route nun auf einem gepflasterten Weg bis zur Landstraße am Ortsrand von Sagard. Wir queren diese, folgen dem Sträßchen wenige Meter geradeaus und schwenken gleich rechts. Vor den Supermärkten halten wir uns links in die Schulstraße und gelangen – vorbei an der Bushaltestelle – zur August-Bebel-Straße, auf der nach rechts der Markt von **Sagard 05** erreicht wird.

grünen Wanderpfeil nach rechts und wandern nun durch schönen Buchenwald, in dem auch einige der recht seltenen – sonst nur im Süntel-Hochland nördlich von Hameln auftretenden – Krüppelbuchen zu entdecken sind. Dabei sollten der grüne Pfeil sowie die Beschilderung „Polchow" im Auge behalten werden. In einem Fichtenforst lohnt an einem Weiser der Abstecher zum **Aussichtspunkt 03** am Gnever Ufer mit schönem Blick über den Bodden. Die Route erreicht schließlich bald nach dem Waldrand einen

Getreidefelder bei Sagard.

Die Lietzow-Kultur

Nach dem beschaulichen Lietzow – gelegen an der Landenge zwischen dem Kleinen und dem Großen Jasmunder Bodden – wurde bereits im 19. Jahrhundert eine neolithische Kultur benannt. 1827 entdeckte der Greifswalder Prähistoriker Friedrich von Hagenow unweit des Ortes auf den hier vorkommenden Feuersteinfeldern Werkstätten jungsteinzeitlicher Menschen, die der Herstellung von Werkzeugen dienten. Ganz in der Nähe wurde etwa 50 Jahre später auch der bekannte Arzt und Politiker Rudolf Virchow fündig, der hier auf Messer, Flintspäne und Streitäxte stieß.

RALSWIEK – SCHWARZE BERGE

Durch den Ralswieker Forst

 7,1 km 2:00 h 115 hm 115 hm 737

START | Wir starten bei der Theaterkasse der Störtebeker-Festspiele in 18528 Ralswiek.
[GPS: UTM Zone 33 x: 399.419 m y: 6.037.423 m]
CHARAKTER | Viel Wald begleitet uns auf unserem Weg durch die Schwarzen Berge bei Ralswiek, wobei ein kurzer Abschnitt auch auf dem Radweg neben der B 96 zurückgelegt wird. Beim Rückweg ist etwas Orientierungsfähigkeit von Vorteil.

Im dichten Wald des Ralswieker Forstes erwandern wir den ehemaligen Standort eines slawischen Burgwalls inmitten der schwarzen Berge und genießen einen schönen Blick über den Großen Jasmunder Bodden.

▶ Die Tour beginnt bei der **Theaterkasse 01** der Störtebeker-Festspiele, wo wir auf Treppen hinab zur Küste gelangen. Dieser folgt die Route – vorbei am ersten Hochseekutter der DDR, wo man sich mit Fischbrötchen stärken kann

– zum Seglerhafen. Dort nutzen wir den Holzbohlensteig im hinteren Bereich des Hafenbeckens (grüner Wanderpfeil, blau-weiße Markierung) und lassen uns dann vom Weiser am kleinen Parkplatz nach links in Richtung „Lietzow" leiten. In der Folge halten wir uns bald an zwei blau-weiß gekennzeichneten Verzweigungen rechts (an der zweiten befindet sich eine rot-weiße Schranke). Ein schöner **Hohlweg 02** führt nun leicht bergan in den Ralswieker Forst. Im weiteren Verlauf behalten wir

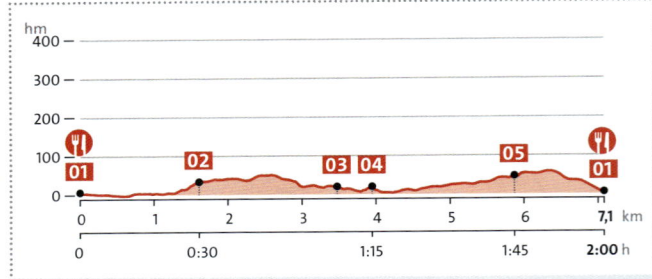

01 Festspielkasse, 0 m; **02** Hohlweg, 21 m; **03** Burgwall, 24 m;
04 Aussichtskuppe, 36 m; **05** Augustenhof, 42 m;

Blick auf Großen Jasmunder Bodden.

an Gabelungen unsere Markierung im Auge und überwinden schließlich eine kleine Anhöhe der Schwarzen Berge. Die Route führt endlich an einem im Wald kaum noch kenntlichen (und leider auch nicht gekennzeich-neten) slawischen **Burgwall** 03 vorüber und überquert 100 m weiter eine kleine Holzbrücke. 250 m nach letzterer führt ein Trampelpfad linker Hand zu einer **Aussichtskuppe** 04 mit schönem Blick über den Großen Jasmun-

Der kleine Jachthafen von Ralswiek.

der Bodden. Gleich nach dem Abstecher wird – nach einer zweiten Brückenquerung – die B 96 erreicht. Auf dem Radweg neben dieser wandern wir nach rechts. Nach 800 m an der Bundesstraße hält sich die Tour (bei einer rot-weißen Schranke) rechts auf einen Waldweg. Wir laufen nun auf dem bald breiter werdenden Weg, halten uns nach circa 400 m an einer markanten Gabelung rechts auf den eben verlaufenden Waldweg und ignorieren gleich einen weiteren Abzweig nach rechts. Nach kurzer Zeit werden einige Häuser erreicht, zu denen auch der historische **Augustenhof 05** gehört. Zwischen den Gebäuden setzt sich die Route fort. Bei einer deutlichen Verzweigung auf einer Anhöhe wählen wir nach wenigen Schritten die rechte Variante, wandern nun talwärts und gelangen an einer Straße zu dem uns bereits bekannten Parkplatz. Hier schwenken wir kurz rechts und nutzen nach wenigen Metern den Bohlenweg zum **Ralswieker Seglerhafen 01**

Der Ralswieker Augustenhof

Das Gebiet der Schwarzen Berge um den späteren Augustenhof diente ab dem 16. Jahrhundert – damals weitgehend entwaldet – als Schafsweide. Wohnhaus und Stallscheune des Augustenhofes entstanden erst 1846 als Vorwerk des Ralswieker Gutes. Namensgeber des jungen Gehöftes war Auguste von Barnekow aus der Familie der Gutsbesitzer. Später – nach großflächiger Aufforstung der Schwarzen Berge – wurde der Hof zur Försterei umgewandelt. Bis 2003 blieb er Dienstsitz des Revierförsters.

RALSWIEK – RAPPIN

Vom Ralswieker Schloss zur Rappiner Andreaskirche

 11,6 km 3:00 h 90 hm 90 hm 737

START | Wir starten bei der Theaterkasse der Störtebeker-Festspiele in 18528 Ralswiek.
[GPS: UTM Zone 33 x: 399.417 m y: 6.037.423 m]
CHARAKTER | Bequeme Wald- und Feldwege führen uns bei geringen Höhenunterschieden von Ralswiek nach Rappin.

Die schöne Tour verbindet den Festspielort Ralswiek mit dem stillen Rappin, das mit einem beeindruckenden Kirchenensemble aufwarten kann. Dazwischen wandern wir auf idyllischen Wald- und aussichtsreichen Feldwegen vorbei am Ralswieker Schloss sowie am Naturschutzgebiet der Banzelvitzer Berge.

▶ Die Tour beginnt bei der **Ralswieker Theaterkasse 01** der Störtebeker-Festspiele, wo wir auf Treppen hinab zur Küste gelangen. Dieser folgt die Route in den Ort, in dem sich das Leben während

der Festspielsaison ganz auf den berühmtesten aller Ostseepiraten konzentriert. Die deutliche Beschilderung leitet uns nun hinauf zum **Schloss 02**, das schließlich über eine Zufahrtsstraße erreicht wird. Der Neorenaissancebau war 1894 nach dem Vorbild eines Loireschlosses errichtet worden. Am Weiser vor der als Hotel genutzten Anlage orientieren wir uns in Richtung „Rappin/Kartzitz". Nur noch 50 m wandern wir auf Asphalt, dann biegt die Tour links auf den blau-hellgrün markierten Waldweg ein (**nicht** der Straße folgen). Auf und ab führt uns die

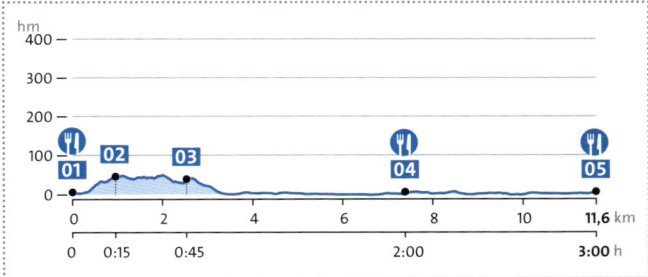

01 Ralswiek, 4 m; 02 Schloss, 26 m; 03 Rastplatz, 34 m;
04 Groß Banzelvitz, 0 m; 05 Rappin, 0 m;

Getreidefelder bei Groß Banzelvitz.

Route nun am Hang des 51 m hohen Buchbergs entlang, wobei die etwas verblichene Kennzeichnung und der grüne Wanderpfeil im Auge behalten werden sollten. Beim Querweg am Waldrand leitet uns ein Weiser entsprechend der genannten Destination nach rechts. Gleich passiert die Wanderung einen aussichtsreichen **Rastplatz 03**, taucht noch einmal in schattigen Wald ein und verläuft hier talwärts.

Bald gewinnen wir freies Feld und gehen auf einem etwas verwachsenen Wiesenweg weiter bergab. Am Schilfsaum des Großen Jasmunder Boddens wird schließlich der Weiler Moisselbritz erreicht. Im Ort ist auf die Kennzeichnung zu achten, da unsere Route beim kleinen Parkteich vom Dorfsträßchen abzweigt. Etwa 500 m nach Moisselbritz verabschieden wir uns von den bisherigen Destinationen und lassen uns nun von der Beschilderung „Groß Banzelvitz" leiten. In **Groß Banzelvitz 04** bleiben wir auf der Asphaltstraße und gehen beim Richtungszeiger im Ortszentrum in Richtung „Neu-

enkirchen", wobei gleich die Gaststätte Wilbert erreicht wird. Kurz vor dieser schwenkt die Tour beim Weiser links („Neuenkirchen") auf einen Wirtschaftsweg ein. Schon 400 m weiter orientiert sich die Route (beim Fahrverbotsschild) unmarkiert links auf einen Feldweg. Dieser führt uns zu den wenigen Häusern von Tetzitz, wo allerdings das Gelände des ehemaligen Gutshofes kurvenreich umgangen werden muss. Die Wanderung führt meist in der Nähe des Zaunes bis zum Haupttor des Anwesens. Das Gutshaus war 1746 erbaut und 1863 erweitert worden.

Von dort führt nun ein Asphaltsträßchen ins nahe und schon im Jahre 1305 erstmalig erwähnte **Rappin 05**, das wir an der Bushaltestelle erreichen. Im Ort sollte auf keinen Fall ein Besuch der Andreaskirche mit einem freistehenden Glockenturm versäumt werden, deren Baugeschichte bis in die Zeit der Ortsgründung zurückreicht. Im einladenden Gasthaus Andernorts gleich nebenan kann man die Tour wunderbar ausklingen lassen.

Die Andreaskirche zu Rappin

Die wuchtige Dorfkirche gehört zu den ältesten Kirchbauten auf der Insel Rügen. Vermutlich geht ihre Baugeschichte auf die zweite Hälfte des 13. Jahrhunderts zurück, während sie ihr heutiges Aussehen um 1400 erhielt. Um 1635 wurde die Anlage durch den hölzernen, freistehenden Glockenturm komplettiert. Ein Vorgängerbau war wenige Jahre zuvor eingestürzt. Im Inneren beeindruckt das Taufbecken aus gotländischem Kalkstein, das um 1270 entstand.

RAPPIN – NEUENKIRCHEN

Um den Tetzitzer See zum Gutshaus Tribbevitz

  17,1 km 4:30 h  65 hm  65 hm  737

START | Die Tour beginnt an der Andreaskirche in 18528 Rappin.
[GPS: UTM Zone 33 x: 395.383 m y: 6.041.304 m]
CHARAKTER | Bis Neuenkirchen wandern wir vor allem auf Feld-
und Wiesenwegen. Danach verläuft die Route auf Betonplatten-
wegen und verkehrsarmen Straßen. Zur Vermeidung letzterer
kann man ab Neuenkirchen auch mit dem Bus nach Rappin
zurückkehren.

Die aussichtsreiche Tour führt um
den Tetzitzer See, wobei uns weite Felder und Wiesen sowie der
Schilfsaum des Gewässers begleiten. Eindrucksvoll ist auch der Blick
von der Brücke über den Liddower
Strom. Längere Abschnitte der
Wanderung verlaufen entlang ver-
kehrsarmer Straßen auf Ashalt. Ab
Neuenkirchen kann man allerdings
auch mit dem Bus nach Rappin zurückkehren.

▶ Wir starten an der bemer-
kenswerten und bereits im 13.

Jahrhundert errichteten Rappiner
Andreaskirche **01** nahe des Gast-
hauses Andernorts und folgen der
Straße in Richtung „Groß Banzelvitz". Die Wanderung passiert einen
Weiser, gelangt zum Ortsausgang
und erreicht bald **Groß Banzelvitz 02**. Gleich nach dem Ortseingangsschild gehen wir geradeaus
zur Pension Wilbert und schwenken
hier am Weiser links auf einen Wirtschaftsweg (blau-hellgrüne Markierung) in Richtung „Neuenkirchen"
ein. Rechter Hand erheben sich die
Hügel der Banzelvitzer Berge, die

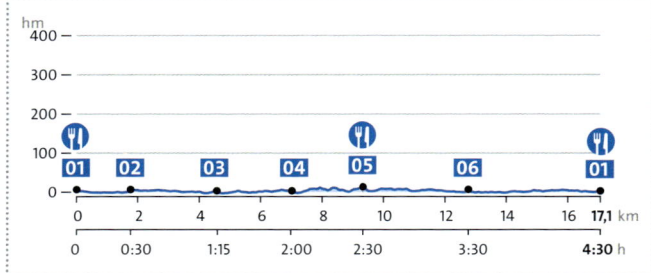

01 Rappin, 0 m; **02** Groß Banzelvitz, 0 m; **03** Schutzhütte Tetzitzer See, 0 m;
04 Liddower Strom, 0 m; **05** Neuenkirchen, 9 m; **06** Gut Tribbvitz, 1 m;

Wanderweg beim Tetzitzer See.

Hoch Hilgor
Weidenallee
44
mbketurm
rge
gen
Sylvin
Neuenkirchen
27
Laase
Liddow
Liddow
18
17
04
Kuschwitzer
Haken
Reddelin
03
N S G
Tetzitzer
31
See
17
5
Teeberg
9
10
Banzelvi
Ber
Tribbevitz
06
Tetzitz
Groß Banzelvitz
St
02
17
17
4
17
Helle
17
01
Rappin
41
Zirmoisel
Bubkevitz
Postelitz
0   450 m
7

Am Liddower Strom.

als Naturschutzgebiet geschützt sind. Ein Abzweig zum Jasmunder Bodden wird allerdings ignoriert. Bald verläuft die Route am Ufer des idyllischen Tetzitzer Sees entlang, der ebenfalls als Naturschutzgebiet ausgewiesen ist. Schließlich erreichen wir eine schön gelegene **Schutzhütte** 03 am Kuschwitzer Haken mit Blick über den See sowie den Großen Jasmunder Bodden.

Knapp 1 km nach der Schutzhütte folgt die Wanderung dem grünen Wanderpfeil auf einen unscheinbaren Pfad nach links. Nur wenig später orientiert sich die Tour (bei einer kleinen Betonbrücke) erneut links (Markierung!). Eine Baumallee führt uns nun zum ehemaligen Rittergut Liddow, das bereits 1318 eine erste Erwähnung fand. Die heutigen Gebäude stammen aber aus dem 16. und 18. Jahrhundert. Hier nutzen wir die Brücke über den **Liddower Strom** 04, der den Tetzitzer See mit dem Lebbiner Bodden und damit mit der Ostsee verbindet. Nördlich des Weilers Liddow erstreckt sich die gleichnamige

Halbinsel, von der ebenfalls größere Teile unter Naturschutz stehen. Die Wanderung lässt sich nun weiter von der Destination „Neuenkirchen" leiten und erreicht den Ort auf einer kleinen Straße bei der sehenswerten Maria-Magdalena-Kirche. An der Durchgangsstraße im **Ortszentrum** 05 wendet sich die Route links, passiert das Gasthaus und die Bushaltestelle (hier besteht die Möglichkeit, mit dem Bus über Kluis nach Rappin zurückzukehren) und hält sich am Ortsausgangsschild geradeaus in Richtung „Tribbevitz". Auf der schmalen Teerstraße erreichen wir das Dorf, halten uns dort beim Ortseingang rechts („Helle") und biegen entsprechend dieser Destination wenige Meter weiter beim Hotel **Gut Tribbevitz** 06 – einem dreiflügeligen Herrenhaus im Stile der Neogotik – links ein. Ein Betonplattenweg führt uns nun bis nach Helle. Wir wandern durch das Dorf, gelangen schließlich zur Vorfahrtstraße und halten uns hier links. Vorsichtig legen wir nun das letzte Stück bis nach Rappin 01 zurück.

VENZ – ZIRMOISEL

Zu den Salzwiesen der Neuendorfer Wiek

 10,2 km 2:45 h 45 hm 45 hm 737

START | Wir starten an der Bushaltestelle in 18569 Venz.
[GPS: UTM Zone 33 x: 389.900 m y: 6.040.216 m]
CHARAKTER | Breite – zum Teil recht sandige – Feld- und Waldwege leiten uns durch die typische Feldlandschaft Rügens zur Neuendorfer Wiek.

Vom schönen Gutshaus in Venz Hof wandern wir durch Felder und Weiden bis zu den Salzwiesen an der Neuendorfer Wiek, die als Naturschutzgebiet ausgewiesen ist. Ganz in der Nähe lässt sich sogar ein uraltes Hügelgrab entdecken.

▶ Bei der **Venzer Bushaltestelle** 01 schwenken wir an der Straßenkreuzung entsprechend der Radwegbeschilderung „Venz Hof" ein. Der Plattenweg führt gleich in ein Gehölz, trifft wenig später auf einen Betonweg und hält sich an diesem rechts. Gleich erreichen wir **Venz Hof** 02 mit seinem pitto-resken Gutshaus, auf dessen Dach häufig Störche ihre Jungen aufziehen. In dem Ende des 16. Jahrhunderts errichteten und mehrfach umgebauten Anwesen verbrachte der spätere preußische Feldmarschall Gerhard Leberecht Blücher seine Jugendjahre. Berühmt wurde er mit seinem Sieg über Napoleon in der Schlacht von Waterloo. In Venz Hof schwenkt die Route scharf links auf einen Betonplattenweg in Richtung „Zirmoisel" ein, der bald in einen sandigen Feldweg übergeht. Nach einiger Zeit wandern wir wieder auf einer schmalen Straße und passieren

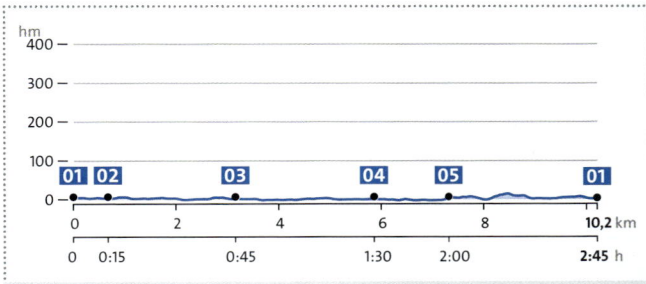

01 Bushaltestelle Venz, 0 m; 02 Venz Hof, 0 m; 03 Zirmoisel, 0 m;
04 Neuendorfer Wiek, 0 m; 05 Salzwiesen, 0 m;

Gutshaus in Venz Hof.

einige Häuser von **Zirmoisel** `03`. Bald nach diesen schwenkt die Tour am Weiser links auf einen Feldweg in Richtung „Trent" ein. Wir gehen nun stets geradeaus und überschreiten so auch eine Wegkreuzung gerade. Später passiert die Wanderung einen Hochstand, bei dem ebenfalls die Destination „Trent" beibehalten wird. Durch weite Felder gelangen wir schließlich an den Schilfgürtel der **Neuendorfer Wiek** `04`. Das Boddengewässer bietet zahlreichen Enten- und Gänsearten – manchmal können hier bis zu

10.000 Wasservögel gleichzeitig beobachtet werden – einen Lebensraum. Sein Schilfgürtel sowie das Areal der kleinen Insel Beuchel dient vielen Küstenvogelarten als Brutgebiet. Hier überquert die Route beim Weiser die Straße und verläuft nun auf dem Bahndamm der ehemaligen Rügenschen Kleinbahn, die von 1896 bis 1970 zwischen Altenkirchen und Bergen entlang des Wiekufers verkehrte.

Auf dem Feld linker Hand fällt bald ein markantes Hügelgrab auf. Danach führt uns die Tour über eine kleine Brücke und geradeaus – weg vom Ufer – weiter. Durch **Salzwiesen** `05` wird nun ein Wäldchen erreicht. Am hiesigen Weiser halten wir uns entsprechend der Destination „Venz Hof" links. Bald taucht die Tour noch einmal in schattigen Wald („Venz Hof") ein. Am Waldrand leitet uns der grüne Wanderpfeil vorbei an einem Kuckelvitzer Haus, wobei sich der Weg zu einem Pfad verjüngt. Die Route führt dann durch die Siedlung Venz und zurück zur **Bushaltestelle** `01`.

Am Wege bei Venz.

Salzwiesen nahe der Neuendorfer Wiek.

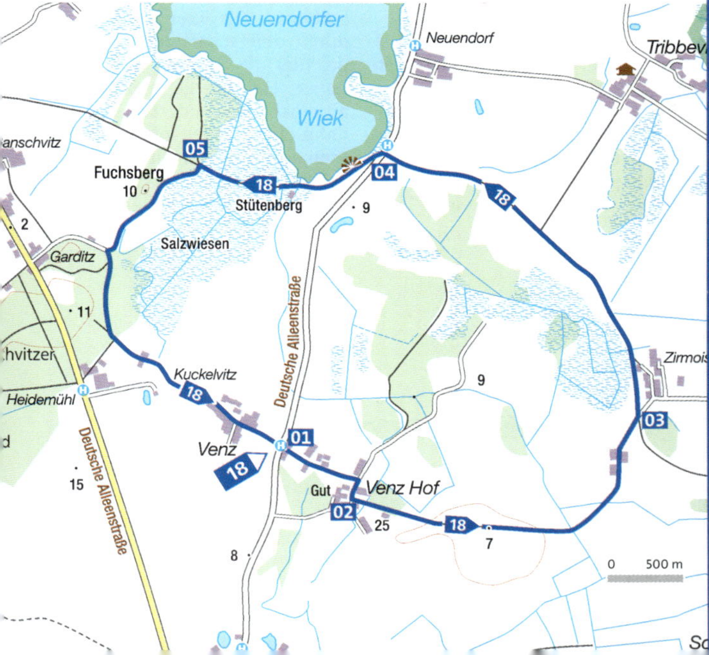

PATZIG – WOORKE

Zu den Hügelgräbern der Woorker Berge

  7,4 km  2:00 h 75 hm 75 hm 737

START | Wir starten an der Bushaltestelle Patzig in der Dorfstraße/ Ecke Bergstraße in 18528 Patzig.
[GPS: UTM Zone 33 x: 395.922 m y: 6.036.367 m]
CHARAKTER | Wald- und Wiesenwege leiten uns in leichtem Auf und Ab durch die Heideberge und schließlich zu den eindrucksvollen Hügelgräbern nahe Woorke. Allerdings hätte die Wegkennzeichnung hier und da eine Auffrischung nötig.

Die wald- und aussichtsreiche Tour führt uns zunächst durch die sanft gewellten Heideberge mit schönem Blick bis zum Jasmunder Bodden. Danach erkunden wir die uralten Hügelgräber der Woorker Berge.

▶ Von der **Patziger Bushaltestelle 01** laufen wir wenige Meter ortsauswärts in Richtung „Thesenvitz" und gelangen gleich zum Abzweig des Sträßchens Waldweg. In dieses schwenken wir am Weiser in Richtung „Ralswiek" links ein, wandern bald durch dichtes Grün und überschreiten eine nahe Waldwegkreuzung nur 100 m nach der Dorfstraße gerade. Nach weiteren 200 m leitet uns der grüne Wanderpfeil an einer Gabelung halblinks. Die Tour verläuft nun durch den schattigen Laubwald, der hier die flachen, bis zu 56 m hohen Heideberge bedeckt. Erst an einem beschilderten Querweg nahe eines Feldes lotst der grüne Pfeil die Route nach links. Schließlich erreichen wir den Waldrand und schwenken an der hiesigen

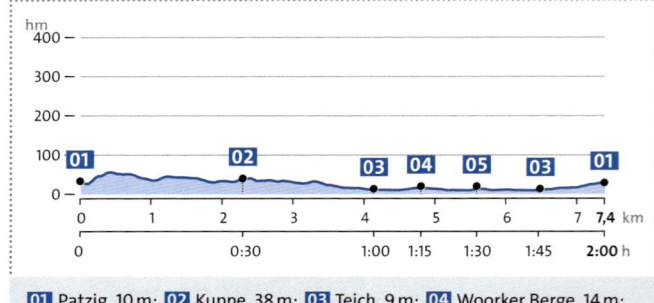

01 Patzig, 10 m; **02** Kuppe, 38 m; **03** Teich, 9 m; **04** Woorker Berge, 14 m; **05** Woorke, 8 m;

Bei Patzig.

Kreuzung unmarkiert links. Nur wenige Meter geht es am Waldrand entlang, dann folgen wir dem Weg übers freie Feld. Nur kurz taucht die Wanderung noch einmal in ein Gehölz ein, danach führt uns der Feldweg über eine aussichtsreiche **Kuppe 02** mit einem Blick bis zum Großen Jasmunder Bodden. Kurvenreich und stets auf dem Hauptweg gelangen wir – vorbei am Friedhof und zuletzt auf dem Heideweg – zurück nach Patzig. Hier überschreiten wir die Dorfstraße schräg nach links versetzt und lassen uns nun von der Beschilderung „Hügelgräber Woorker Berge" leiten. Eine

In Woorke.

schmale Alleestraße bringt uns beim **Mönchsoll-Teich** – einem wertvollen Biotop umgeben von Blüh- und Streuobstwiesen – zum Ortsausgang, wo sich die Route rechts auf einen Feldweg hält. Bald fallen inmitten der Felder zahlreiche baumbestandene Hügel auf – die **Woorker Berge** . Die markanten Erhebungen – 13 an der Zahl – bilden das größte zusammenhängende Hügelgräberfeld Norddeutschlands. Beim Weiser am Betonweg lädt direkt neben einem Hügelgrab ein schöner Rastplatz zur Pause ein. Dann wandern wir auf dem Betonweg in Richtung „Veikvitz" bis nach **Woorke** .

Der Name des Dorfes leitet sich vom slawischen Begriff für Berge her und nimmt so Bezug auf das nahe Hügelgräberfeld. In der idyllisch gelegenen Siedlung mit einer eindrucksvollen Sammlung uriger Landwirtschaftsmaschinen am Wegesrand halten wir uns beim Haus Nr. 5 links auf den Betonplattenweg und gelangen – erneut vorbei am **Mönchsoll-Teich** – geradewegs zurück nach Patzig. Hier lohnt der Abstecher zur sehenswerten gotischen Margarethen-Kirche mit einem beeindruckenden Schnitzaltar. Dann sind es lediglich wenige Schritte auf der Dorfstraße bis zur **Bushaltestelle** .

Die Woorker Berge

Angelegt wurde die Nekropole der Woorker Berge wohl in der Bronzezeit (1800 v. Chr. - 800 v. Chr.). Die markanten, meist baumbestandenen Erhebungen weisen einen Durchmesser von ca. 30 m und eine Höhe von 6 m auf. In ihnen wurden Verstorbene in Särgen aus ausgehöhlten Baumstämmen zur letzten Ruhe gebettet. Von den ursprünglich mindestens 18 Hügelgräbern konnten sich lediglich 13 erhalten. Vor allem im 19. Jahrhundert wurden einige der einstigen Grabstätten zur Vergrößerung landwirtschaftlicher Flächen zerstört und eingeebnet.

BERGEN – PARCHTITZ

Um den Nonnensee

 7,8 km 2:00 h 40 hm 40 hm 737

START | Wir starten am Bahnhof von 18528 Bergen.
[GPS: UTM Zone 33 x: 397.453 m   y: 6.031.515 m]
CHARAKTER | Pfade und bequeme Wege leiten uns durch Wiesen um den so schönen wie vogelreichen Nonnensee.

Auf bequemen Wiesenwegen wandern wir um den idyllischen Nonnensee am Stadtrand von Bergen. Zwei Aussichtsürme bieten sich hier nicht nur als schöne Rastplätze an – sie gewähren auch einen wunderbaren Blick über das vogelreiche Gewässer.

▶ Vom **Bahnhof** 01 der recht geschäftigen „Inselhauptstadt" folgen wir der Bahnhofstraße hin zur Gaststätte Stadt Bergen, nutzen dann aber wenige Meter vor dieser die Fußgängerüberführung über die Gleise. Auf der anderen Seite verläuft die Tour auf der Gingster Chaussee durchs Gewerbegebiet und quert gleich an der großen Ampelkreuzung die B 96. Nur kurz geht es nun auf dem Rad- und Wanderweg neben der Bundesstraße nach rechts in Richtung „Nonnensee/Parchtitz". Gleich schwenken wir beim Weiser links („Beobachtungskanzel/Parchtitz") auf einen von Weiden gesäumten Weg ein. Schöne Blicke auf den Nonnensee begleiten uns nun zum Kurzabstecher zur aussichtsreichen **Beobachtungskanzel** 02. Von dieser öffnet sich ein beeindruckendes Panorama über das vogelreiche Gewässer. Der 75 ha große See ist als Brutgebiet und Lebensraum für die Vo-

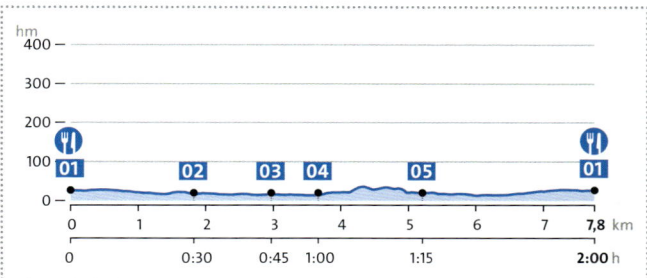

01 Bahnhof Bergen, 14 m; 02 Beobachtungskanzel, 10 m; 03 Parchtitz, 10 m;
04 Kormorankolonie, 11 m; 05 Beobachtungsturm, 12 m;

Ein schmaler Wanderweg führt zum Nonnensee.

nen. Nach einer Rast setzt sich die Wanderung um den See fort, wobei nach einiger Zeit der Abzweig ins idyllisch gelegene Dorf **Parchtitz** 03 ignoriert wird. Die Route verläuft hier rechts („Parkplatz Nonnensee") weiter. Der Betonplattenweg leitet nun bald an der **Kormorankolonie** 04 am Nordzipfel des Sees vorüber. Gleich danach schwenken wir am Weiser rechts („Parkplatz Nonnensee") und biegen bei der Infotafel nach 350 m links auf einen Naturlehrpfad ein. Knapp 100 m vor dem Parkplatz wandern wir dann auf dem schmalen Wiesenpfad rechts weiter, an dem zahlreiche Texte Wissenswertes zu Natur und Geschichte vermitteln.

gelwelt zu einem der bedeutendsten Flachwasserbiotope Rügens und Mecklenburg-Vorpommerns geworden. Zu den zahlreichen hier anzutreffenden Arten zählen Höckerschwäne, Graugänse, Stock-, Reiher- und Schnatterenten, Kormorane sowie verschiedene Möwenarten. Angesichts der Artenvielfalt ist es heute kaum mehr vorstellbar, dass das Gewässer zwischen den 1960er und 1990er Jahren komplett trockengelegt worden war, um die Fläche landwirtschaftlich nutzen zu kön-

Bereits nach kurzer Zeit orientiert sich die Route nach einem kurzen und steilen Abstieg nach rechts und gelangt erneut zum Rundweg am Ufer. Wir halten uns hier links – jedoch lohnt an dieser Stelle noch der Abstecher nach rechts zum zweiten **Beobachtungsturm** 05 mit einem schönen Rastplatz. Der Rundweg führt uns schließlich wieder zur Bundesstraße. Der Rad- und Wanderweg neben dieser leitet uns nun wieder zur Ampelkreuzung, von der wir auf bekanntem Wege zum **Bahnhof** 01 zurückkehren.

Seeadler am Nonnensee

Da sich der Seeadlerbestand auf der Insel Rügen in den letzten Jahrzehnten stabilisiert hat, kann der größte deutsche Greifvogel auch gelegentlich am Nonnensee beobachtet werden. Eindrucksvoll sind die gewagten Balzflüge im Spätwinter, mit denen Reviere gegen Artgenossen abgegrenzt und verteidigt werden. In der kalten Jahreszeit lassen sich am Nonnensee zudem Jungadler aus Nord- und Osteuropa – insbesondere aus dem Baltikum – blicken, um hier zu überwintern.

Blick vom Beobachtungsturm auf den Nonnensee.

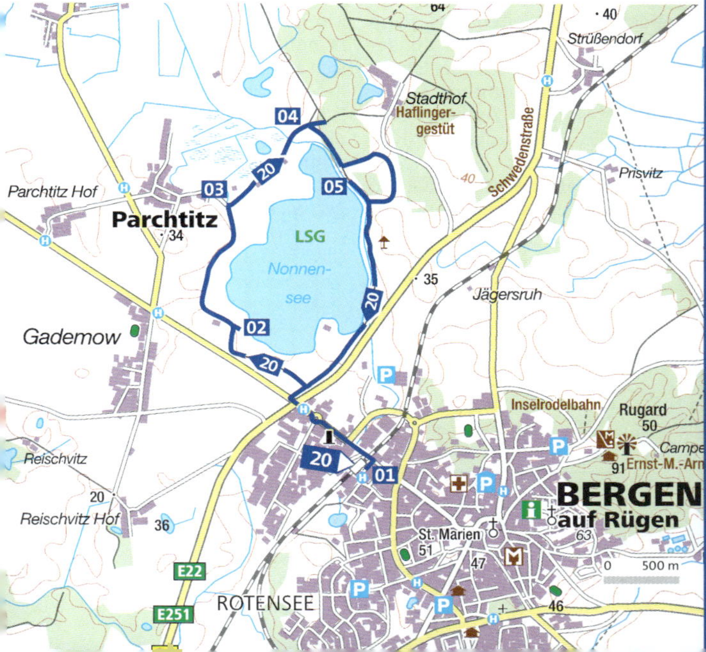

21 BERGEN – STEDAR

Auf die Insel Pulitz

 18,4 km 5:00 h 165 hm 165 hm 737

START | Wir starten am Markt von 18528 Bergen.
[GPS: UTM Zone 33 x: 398.289 m y: 6.031.159 m]
CHARAKTER | Auf Feldwegen und verkehrsarmen Straßen gelangen wir zur zum NSG auf der Insel Pulitz. Diese wird auf Pfaden in dichtem Wald umrundet. Mückenschutz nicht vergessen! Von Stedar kann man auch mit dem Bus nach Bergen zurückkehren. Achtung: Die Insel Pulitz ist in der Zeit vom 15.01. bis zum 15.07. nicht zugänglich!

Gleich am Stadtrand von Bergen erklimmen wir den Rugard mit dem Ernst-Moritz Arndt gewidmeten Aussichtsturm. Weite Getreidefelder begleiten uns dann bis zum Naturschutzgebiet auf der Insel Pulitz, wo wir das abgelegene Eiland umrunden. Achtung: Die Insel Pulitz ist in der Zeit vom 15.01. bis zum 15.07. nicht zugänglich!

▶ Vom B**ergener Markt** 01 unweit der sehenswerten Marienkir-

che leitet uns die Beschilderung „Rugard" in die Vieschstraße. Geradewegs und am Parkplatz vorbei wird so der besteigbare Ernst-Moritz-Arndt-Turm auf dem 91 m hohen **Rugard** 02 erreicht, wo sich zudem eine Gaststätte befindet. Wir kehren nun die wenigen Schritte zum Weiser am Parkplatz zurück und folgen dort dem schmalen Sträßchen in Richtung „Buschvitz". Nach kurzer Zeit biegen wir rechts in den Stedarer Weg

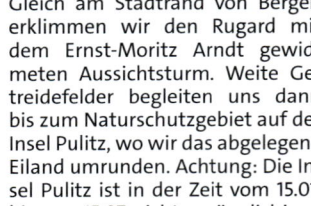

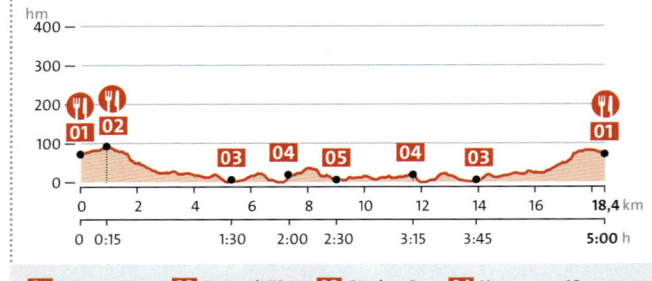

01 Bergen, 72 m; 02 Rugard, 73 m; 03 Stedar, 0 m; 04 Kreuzung, 19 m;
05 Sonnenhaken, 5 m;

Der Ernst-Moritz-Arndt-Turm

Bereits ab dem 10. Jahrhundert befand sich auf der 91 m hohen Kuppe des Rugard eine Burg, von der allerdings nichts erhalten blieb. In der Tradition der ehemaligen Bebauung sollte ein Aussichtsturm stehen, dessen Grundstein am 26. Dezember 1869 anlässlich des 100. Geburtstages des Schriftstellers und Historikers Ernst-Moritz Arndt gelegt wurde. Auch die architektonische Form eines Wartturms erinnerte an den einstigen Vorgängerbau und griff zudem das Motiv des Bergener Stadtwappens auf. 1877 konnte das 27 m hohe Denkmal vollendet werden.

Ernst-Moritz-Arndt-Turm auf dem Rugard.

(„Buschvitz") ein und wandern talwärts durch lichten Wald. Die Tour erreicht schließlich offenes Gelände und verläuft nun durch aussichtsreiche Felder. Am Weiser kurz vor einem einsam stehenden Haus biegt die Route links in Richtung „Patzig" ein. Bereits nach 400 m orientiert sie sich dann vor einer landwirtschaftlichen Anlage unmarkiert auf einen Feldweg nach rechts. Eine kleine Anhöhe inmitten der Getreidefelder gewährt uns gleich einen schönen Blick bis zum Kleinen Jasmunder Bodden. An der Landstraße, die

Über Felder hinweg schaut man auf die Halbinsel Pulitz.

wir bei einer Bushaltestelle erreichen, gehen wir nach links (Verkehr beachten!). Nach etwa 1 km gelangt die Tour nach **Stedar** `03`, verläuft durch den idyllischen Ort (Bushaltestelle) und führt dann geradeaus auf einem Feldweg in Richtung „Insel Pulitz" weiter. Nach einigen Höhenmetern gewinnen wir eine Schutzhütte mit beeindruckendem Panoramablick auf den Kleinen Jasmunder Bodden und die Insel Pulitz.

An einer Verzweigung beim Fahrverbotsschild 200 m nach der Hütte folgen wir dem Hauptweg nach rechts talwärts und gelangen schließlich zu einer Schranke in einem Feuchtwaldgebiet, die das Naturschutzgebiet begrenzt. Die Route verläuft nun auf dem 1890 errichteten Damm auf die Insel und stößt circa 400 m nach der Schranke auf eine unscheinbare **Kreuzung** `04` im Norden von Pulitz. Hier folgen wir dem Waldweg nach links und beginnen damit die Umrundung des Eilandes. Wir bleiben auf dem Hauptweg und ignorieren Abzweigungen. Lediglich nach etwa 600 m wendet

sich die Tour an einer Verzweigung rechts bergab. Am südlichsten Punkt der Runde lohnt in einer markanten Rechtskurve unseres Weges der kurze und aussichtsrei

Blick von der Schutzhütte zum Kleinen Jasmunder Bodden.

che Abstecher auf den **Sonnenhaken** 05, der auf einem abschüssigen Pfad (Vorsicht!) erreicht wird. Wieder am Ausgangspunkt der Umrundung angelangt, kehren wir auf bekanntem Wege nach **Stedar** 03 zurück. Hier nutzen wir den Bus oder entscheiden uns dafür, den Rückweg nach **Bergen** 01 zu Fuß zurückzulegen.

BERGEN – PUTBUS

Von der „Inselhauptstadt" zur Residenz des Fürsten Wilhelm Malte I.

 8,8 km 2:15 h 60 hm 80 hm 737

START | Wir starten am Markt von 18524 Bergen.
[GPS: UTM Zone 33 x: 398.262 m y: 6.031.155 m]
CHARAKTER | Die Wanderung verläuft zumeist auf bequemen Waldwegen und verkehrsarmen Straßen.

Die Wanderung verbindet die geschäftige „Inselhauptstadt" Bergen mit der einstigen Residenzstadt der Fürsten zu Putbus. Letztere – ein Kleinod klassizistischer Baukunst – lädt mit zahlreichen historischen Bauwerken und einem traumhaft schönen Schlosspark zum Flanieren ein.

▶ Vom **Markt in Bergen** 01 folgen wir der kleinen Gasse neben der Post zur Kirche. Der sehenswerte Sakralbau stammt bereits aus dem 12. Jahrhundert. 1193 wurde er durch Fürst Jaromar I. als Pfalz- und Klosterkirche geweiht.

Im Inneren können beeindruckende spätromanische Wandmalereien bestaunt werden. Wir lassen uns von der Radwegbeschilderung in Richtung „Putbus/Bergen-Süd" auf der Billroth-Straße ortsauswärts leiten. Etwa 250 m nach der Querung der B 196 biegen wir rechts in die Straße der DSF in Richtung „Putbus" ein. Nach weiteren 250 m halten wir uns links in die Straße der DSF 37-62, schwenken vor der Gartensparte links und orientieren uns 80 m weiter rechts. Die Route führt bald durch das winzige **Neklade** 02, passiert hier einen landwirtschaftlichen

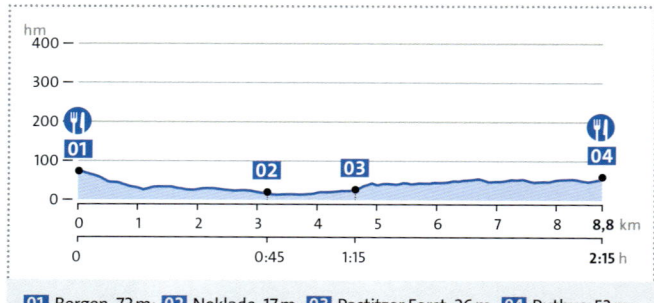

01 Bergen, 72 m; 02 Neklade, 17 m; 03 Pastitzer Forst, 26 m; 04 Putbus, 53 m;

Die Uhren in Bergen ticken anders

Zählt man die Minutenstriche auf der Kirchturmuhr an der Nordseite des Turmes der Bergener Marienkirche, so wird man – auch
nach nochmaligen Nachzählen – auf die Anzahl von 61 Strichen
kommen. Grund dafür ist ein Herbststurm des Jahres 1983. Das damals beschädigte Zifferblatt musste repariert werden. Erst beim
Bohren der Löcher für die Minutenpunkte fiel den Handwerkern
auf, dass eine Bohrung zu viel gesetzt worden war. Kurzerhand
entschied man sich – da das Loch nun einmal gebohrt war – für
das Anbringen der einundsechzigsten Minutenmarkierung.

Die Marienkirche in Bergen – ein Beispiel der Backsteingotik.

Rapsfeld bei Neklade.

Betrieb und überquert später die Bahngleise. Gleich darauf taucht die Tour in den **Pastitzer Forst** 03 ein, der als Fundstätte etlicher jungsteinzeitlicher Megalithgräber bekannt geworden ist. Unsere Strecke verläuft nun auf einem etwas holprigen Waldweg. Wir ignorieren alle Abzweige und wandern – zuletzt auf einem Betonplattenweg – bis zum Stadtrand von Putbus. Der Darsbander Weg und die August-Bebel-Straße bringen uns schließlich zum Markt der Weißen Stadt, wo man sich mit einer Einkehr in einem der Cafés belohnen kann. Auf der Alleestraße gelangen wir in wenigen Minuten zur **Touristinformation** 04. Danach sollte man genug Zeit für die Erkundung des idyllischen Schlossparks mit Orangerie, Marstall, Wildgehege und mehreren Teichen einplanen.

Das heutige Erscheinungsbild von Putbus geht auf den fürstlichen Bauherren Wilhelm Malte I. zurück. Dieser ließ die Stadt 1815 rund um sein Schloss am Reißbrett planen. Die jüngste Residenz Deutschlands wurde so als Kleinod klassizistischer Baukunst mit einem Hauch von italienischem Flair erschaffen.

Die Orangerie im Putbuser Schlosspark.

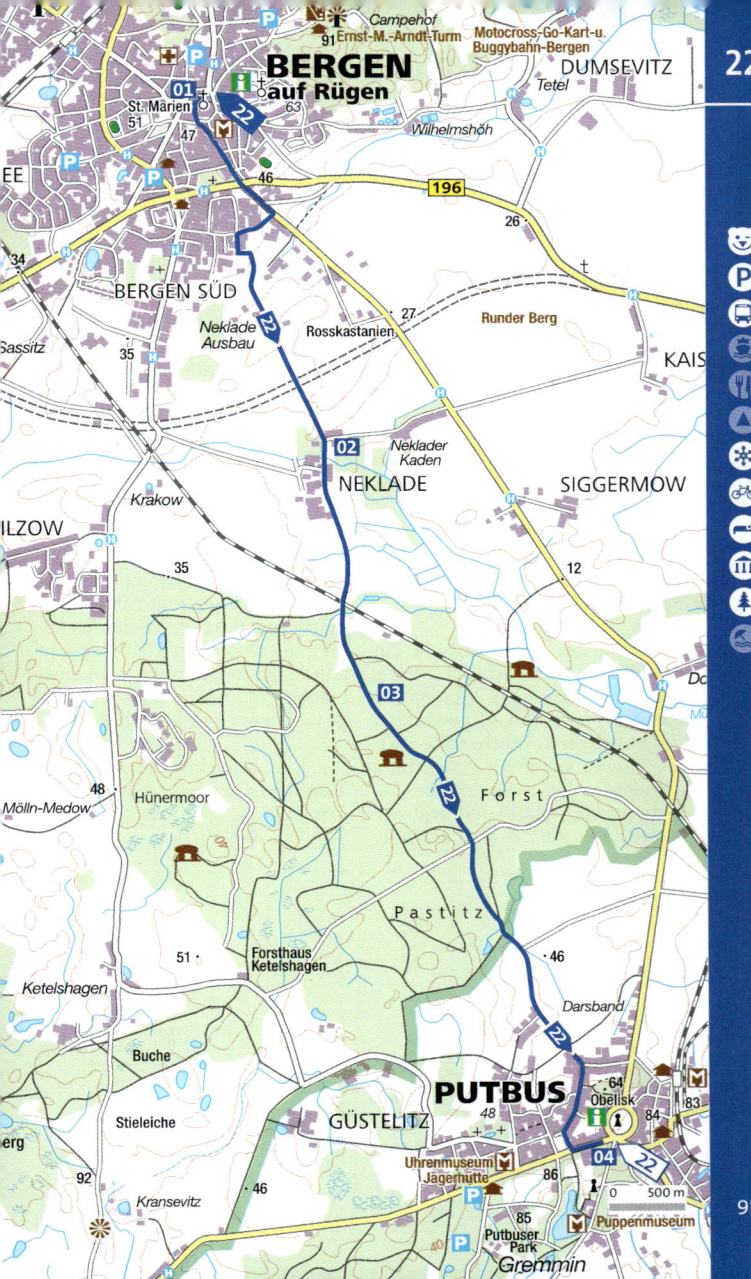

Durch die Mustitzer Allee

 9 km 2:15 h 45 hm 45 hm 737

START | Wir starten an der Bushaltestelle in 18528 Zirkow.
[GPS: UTM Zone 33 x: 405.102 m y: 6.027.780 m]
CHARAKTER | Wir wandern auf Wald- und Feldwegen sowie durch die beeindruckende – von Rotbuchen dominierten – Mustitzer Allee. Allerdings sind auch 400 m neben einer stark befahrenen Landstraße zu bewältigen – Vorsicht!

Felder und Weiden begleiten uns in den kleinen Weiler Lubkow. Durch die beeindruckende und fast 200 Jahre alte Mustitzer Rotbuchenallee geht es dann zurück nach Zirkow.

▶ Von der **Bushaltestelle Zirkow 01** in der Putbuser Straße gehen wir zur B196, queren sie vorsichtig und folgen gegenüber der **Mustitzer Rotbuchenallee 02**, die bereits vor etwa 200 Jahren angelegt wurde. Initiator des Projekts war um 1820 Fürst Wilhelm Malte zu Putbus. Auf einer Länge

von 2500 m entstand so eine der schönsten und ältesten Alleen auf der Insel Rügen. Während im südlichen Abschnitt jüngere Hainbuchen dominieren, beeindruckt der nördliche Bereich mit zahlreichen mächtigen Rotbuchen, deren Umfang bis zu 4 m erreicht. Benannt wurde die Anlage nach dem einst hier befindlichen – nun schon lange wüst gefallenen – Ort Mustitz.

Die Tour erreicht bald das Ortsausgangsschild des 1495 erstmals aktenkundig gewordenen Ortes. Nun ist die Allee auch für den

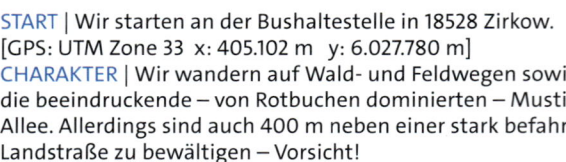

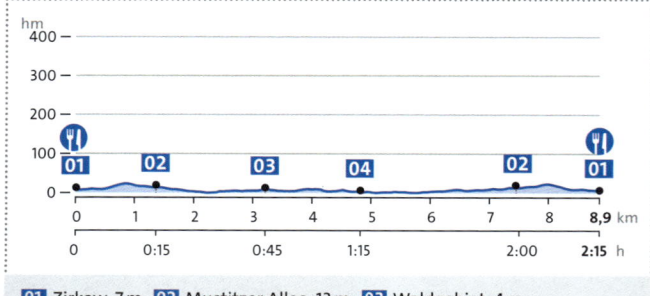

01 Zirkow, 7 m; **02** Mustitzer Allee, 13 m; **03** Waldgebiet, 4 m;
04 Lubkow, 0 m;

Feldweg bei Zirkow.

KFZ-Verkehr gesperrt. Circa 600 m nach dem Schild schwenkt die Wanderung bei einer kleinen Kreuzung nahe einer Stromleitung rechts ein. Kurz geht es am Waldrand entlang, dann führt die Rou-te aussichtsreich übers freie Feld. Nur noch als Fahrspur tangiert sie schließlich ein Fichtenwäldchen, wobei im weiteren Verlauf alle Abzweige ignoriert werden. Endlich erreicht die Tour ein **Waldge-**

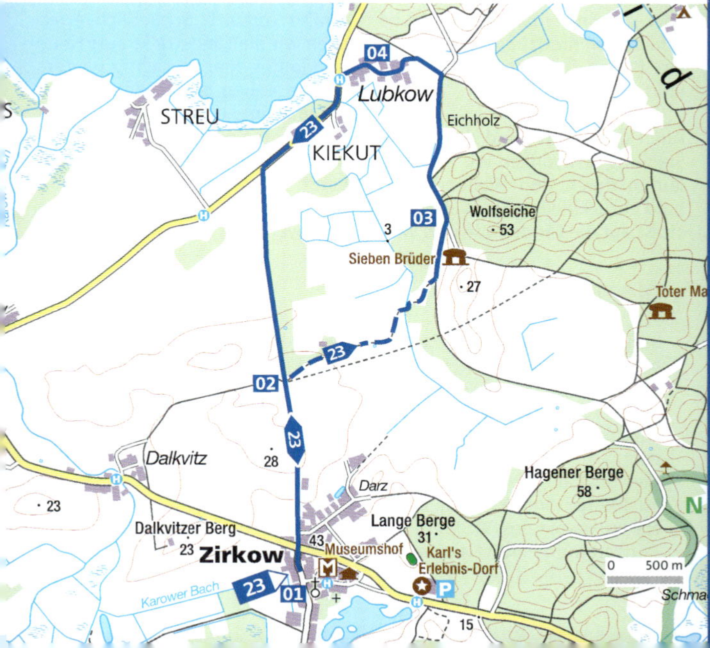

Weite Felder begleiten die Tour.

biet `03`, an dessen Rand entlang wir nun nordwärts wandern. Der deutliche Wirtschaftsweg leitet uns ins bald schon sichtbare Lubkow. An einer markanten und beschilderten Kreuzung kurz vor dem Ort halten wir uns entsprechend links.

Auch direkt am Rand der kleinen Siedlung schwenken wir links und laufen durch den **Weiler** `04`, der bald zurückbleibt. Die Wanderung stößt auf die Landstraße und wen-

det sich an dieser 100 m nach links (Vorsicht – starker Verkehr!). Gleich kann der Fahrweg linker Hand genutzt werden, der parallel zur Straße verläuft. Schließlich erreichen wir die Landstraße aufs Neue und laufen hier vorsichtig weitere 300 m neben dieser. Bald biegen wir links in die **Mustitzer Allee** `02` ein, die uns nun im Schatten alter Rotbuchen zurück nach **Zirkow** `01` leitet. Hier lohnt der kurze Abstecher zur sehenswerten Kirche im Zirkower Zentrum sehr.

Die Zirkower Kirche

Bereits um 1300 wird von einem Vorgängerbau der Zirkower St.-Johannes-Kirche berichtet. Der heutige Backsteinbau entstand im Stil der Gotik etwa ein Jahrhundert später. Vermutlich war der Baumeister Bartholomäus Blome, dessen Name sich – gemeinsam mit der Jahreszahl 1417 – im Gewölbe eingearbeitet findet. Zur ältesten, noch erhaltenen Ausstattung des Gebäudes zählt eine Bronzeglocke von 1469, die zugleich die zweitälteste auf Rügen ist. Blickfang im Inneren sind der Altar sowie ein schwebender Taufengel aus der ersten Hälfte des 18. Jahrhunderts. Letzterer wurde während der Taufzeremonie mittels eines Seilzuges herabgelassen.

BINZ – PRORA

Zum Koloss von Rügen

 10,4 km 2:45 h 20 hm 20 hm 737

START | Wir starten an der Seebrücke in 18609 Binz.
[GPS: UTM Zone 33 x: 410.049 m y: 6.029.101 m]
CHARAKTER | Einfache Tour auf bequemen Wegen entlang der Strandpromenade. Rückweg am Strand.

Ein Spaziergang führt uns entlang der Strandpromenade von der mondänen Binzer Bäderarchitektur hin zum gigantomanischen Koloss von Prora. Das dortige Dokumentationszentrum informiert über das von den Nationalsozialisten geplante „KdF-Seebad der 20.000". Zurück verläuft die Tour am Strand.

▶ Unsere Wanderung beginnt an der **Binzer Seebrücke** 01 und verläuft hier auf der Strandpromenade nordwestwärts in Richtung „Prora". Wir passieren gleich das Kurhaus, das bereits 1890 die Pforten öffnete und schon Kaiserin

Auguste Viktoria zu seinen Gästen zählte. Nach einem Brand wurde es schließlich im Jahre 1907 in seiner jetzigen Form neu errichtet. Wir kommen gleich an zahlreichen weiteren schönen Beispielen der Bäderarchitektur vorüber. Die Route führt schließlich am **Campingpark** 02 des Bundeswehrsozialwerks vorbei. Der Weg zum Strand bleibt stets denkbar kurz, so dass jederzeit eine Badepause eingelegt werden kann. Beim Strandabgang 56 setzt sich die Promenade als befestigter Weg wenige Meter landeinwärts fort. Linker Hand fällt ein erster Gebäuderiegel der Anlage von Prora auf, in dem in den

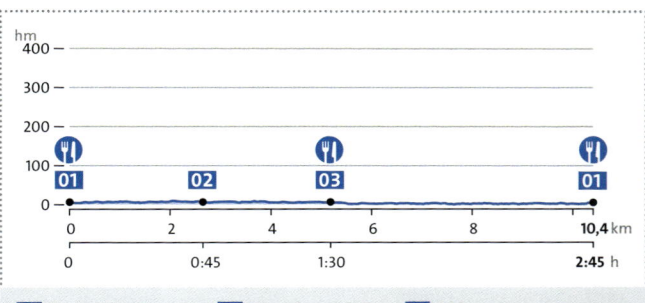

01 Seebrücke Binz, 4 m; 02 Campingpark, 2 m; 03 Dokuzentrum, 1 m;

Strandaufgang unter Kiefern.

letzten Jahren zahlreiche moderne Ferienwohnungen geschaffen worden sind. Beim Strandabgang 57 wechseln wir auf die landwärts gelegene Frontseite des Koloss von Prora und laufen nun auf der Straße an dem endlos wirkenden Komplex entlang, in dem sich auch einige Einkehrmöglichkeiten anbieten. Beim Eingang 308 halten wir uns zunächst 200 m links, um zum **Dokumentationszentrum** 03 von Prora zu gelangen. Die Ausstellung informiert über die Bau- und Nutzungsgeschichte der mit 4,7 km Länge gigantischen Anlage und ist ausgesprochen sehenswert. Wir gehen nun zurück zum Eingang 308 und nutzen neben diesem den Durchgang durch die Gebäudezeile zum Strand, wo die Wucht der ehemaligen Kaianlage überrascht. Von dieser laufen wir am Strand zurück nach **Binz** 01. Alternativ können auch die Bus- (Haltestelle Südstraße) oder Zugverbindungen (Bahnhof Prora) zur Rückkehr genutzt werden.

Das „Seebad der 20.000"

Die 4,7 km lange Anlage der „NS-Gemeinschaft Kraft durch Freude" wurde zwischen 1936 und 1939 gebaut und in einigen Bereichen fast fertiggestellt. Bis zu 20.000 Menschen sollten hier gleichzeitig Urlaub machen können. Neben dem Nürnberger „Reichsparteitagsgelände" zählt der „Koloss von Prora" zu den größten geschlossenen Bauprojekten der NS-Zeit. Der Komplex besteht aus acht jeweils fast 500 m langen Blöcken. Mit dem Beginn des 2. Weltkrieges wurden die Bauarbeiten eingestellt. Nach Kriegsende diente Prora zunächst als Flüchtlingslager, danach nutzte die sowjetische Armee und wenig später die NVA der DDR das Gelände. Bis 1991 blieb es militärisches Sperrgebiet. Ab 2005 verkaufte man einige der Blöcke an private Investoren – Hotels, Ferienwohnungen, eine Jugendherberge sowie Sportanlagen sind mittlerweile entstanden.

Am Strand.

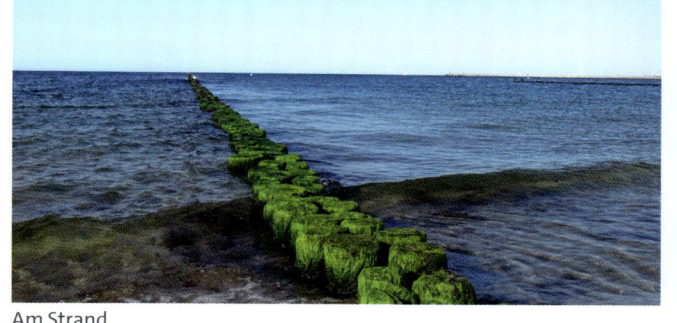

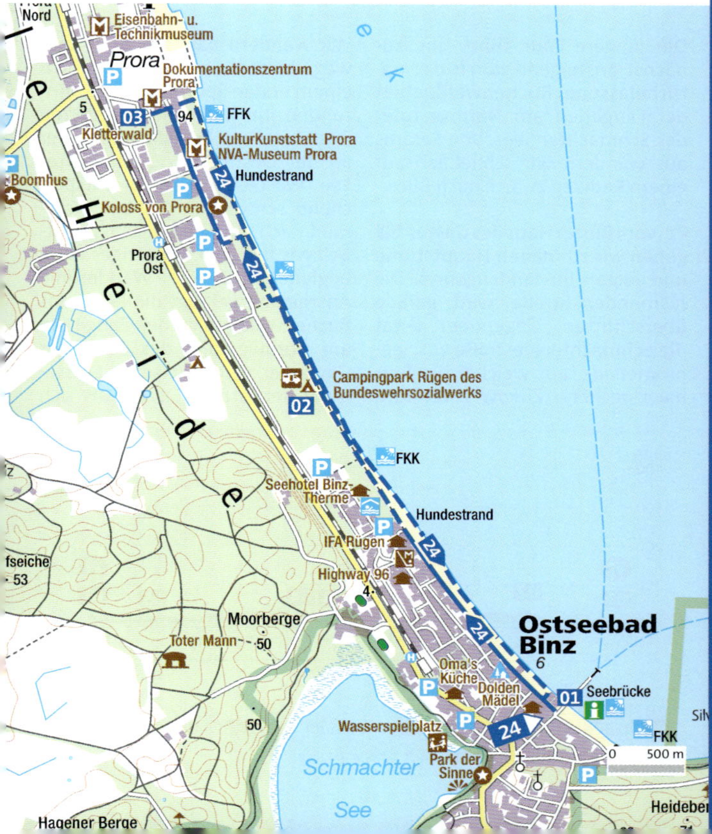
Nord
Eisenbahn- u. Technikmuseum
Prora
Dokumentationszentrum Prora
03
94
FFK
Kletterwald
KulturKunststatt Prora
NVA-Museum Prora
Hundestrand
Boomhus
Koloss von Prora
Prora Ost
Campingpark Rügen des Bundeswehrsozialwerks
02
FKK
Seehotel Binz-Therme
Hundestrand
IFA Rügen
Highway 96
Moorberge
Toter Mann
Ostseebad Binz
Seebrücke
01
Oma's Küche
Dolden Mädel
Wasserspielplatz
Park der Sinne
FKK
Schmachter See
Hagener Berge
Heidebe
0 500 m

BINZ – SERAMS

Rundtour um den Schmachter See

  15 km 4:00 h 145 hm 145 hm 737

START | Wir starten am Haus des Gastes in der Heinrich-Heine-Straße 7 in 18609 Binz.
[GPS: UTM Zone 33 x: 410.055 m   y: 6.028.908 m]
CHARAKTER | Wald- und Radwege führen uns um den Schmachter See. Circa 400 m verlaufen weglos neben der verkehrsreichen B 196 – Vorsicht!

Die längere Tour führt uns zunächst ansteigend durch das naturbelassene Buchenwaldgebiet der Fangerien am Nordwestufer des Schmachter Sees. Von Serams aus wandern wir schließlich auf einem Radweg zurück nach Binz.

▶ Vom **Binzer Haus des Gastes** 01 gehen wir zur nahen Hauptstraße und folgen ihr landeinwärts. Die Jasmunder Straße wird gerade überschritten. Gegenüber leitet die Schmachterseestraße zur Seepromenade, auf welcher die Tour nach rechts („Zirkow") verläuft.

Wir wandern bald auf dem Radweg, halten uns schließlich vor einem ersten Sportplatz links, umrunden ihn halb und orientieren uns dann am Wanderwegweiser an der Destination „Schmachter See Westseite/Zirkow". Entsprechend schwenken wir am Waldrand nach dem Ende des Asphaltbelages links ein. Schattiges Grün begleitet nun die Wanderung. Ansteigend gelangt die Route ins Buchenwaldgebiet der Fangerien am Nordwestufer des Sees. Das Gewässer verdankt seine Entstehung der letzten Eiszeit, als sich

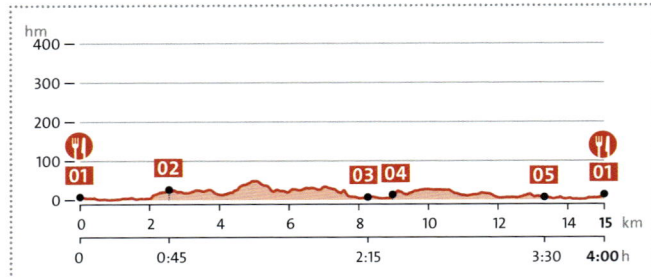

01 Haus des Gastes Binz, 7 m; 02 Quellmoor, 0 m; 03 Pantow, 4 m;
04 Serams, 6 m; 05 Schmachter See, 2 m;

Am Ufer des Schmachter Sees.

hier eine Gletscherzunge befand. Nach deren Abtauen bildete sich der Schmachter See, welcher sich zwischenzeitlich sogar zu einer Meeresbucht entwickelte. Unterhalb des Weges fallen bald einige

Quellmoore 02 auf. Bei einem Holzrückeplatz wählt die Tour an einer deutlichen, beschilderten Verzweigung (grüner Wanderpfeil) die linke Variante. Nur kurze Zeit später hält sich die Wande-

Naturbelassenes Buchenwaldgebiet in den Fangerien.

halten wir uns am Querweg kurz links (hier noch nicht die Straße überqueren), um nach knapp 200 m scharf rechts auf einen Wirtschaftsweg einzuschwenken. Mit diesem überschreiten wir die Bundesstraße und wandern gegenüber Richtung „Pantow/Haltestelle Seelvitz" weiter. Erst 200 m nach einigen Häusern (knapp 1 km nach der B 196) biegt die Tour links auf einen Weg ein, der uns durch Felder nach **Pantow** `03` bringt.

An der Bundesstraße gehen wir vorsichtig neben der Fahrbahn nach rechts. Nach 400 m kreuzen wir die Bahngleise und nutzen dann den Bahnsteig des Bahnhofs **Serams** `04`. Danach orientiert sich die Route noch einmal zur Bundesstraße hin und verläuft nun auf einem Radweg, der sich gleich von der Straße entfernt.

rung am nächsten Weiser ebenfalls links – nun in Richtung „Pantow" (der Abzweig nach „Zirkow" wird ignoriert). Achtung: 150 m weiter schwenkt die Route rechts auf einen Waldweg ein! Der zunehmend deutlicher werdende Forstweg führt uns schließlich zur stark befahrenen B 196. 50 m vor dieser biegen wir links in einen schmalen Weg ein, der parallel zur Straße verläuft. Nach 400 m

Die Beschilderung „Binz" leitet uns durch ein Wohngebiet und bald aussichtsreich über freies Feld. Später gesellen sich noch die Destinationen „Binz-Mitte/Seebrücke/Schmachter See" hinzu. Nach längerem Abstieg wandern wir am malerischen Ostufer des **Schmachter Sees** `05` zurück nach **Binz** `01`.

Der Schmachter See

Das Abschmelzen eines gewaltigen Toteisblocks am Ende der letzten Eiszeit vor circa 11.000 Jahren ließ den Schmachter See entstehen. Nach einer sehr wechselhaften Geschichte – zu DDR-Zeiten wurden die umgebenden Feuchtwiesen entwässert und intensiv landwirtschaftlich genutzt, das Gewässer selbst musste die Einleitung von Abwässern verkraften – stellte man den See und die umgebenden Wiesen, Moore und Wälder 1994 schließlich unter Naturschutz. Heute ist er ein wichtiges Nahrungs- und Rastgebiet für Enten, Taucher und Säger. Auch 90 Schnecken- und Muschelarten sowie 5 Krebsarten wurden nachgewiesen.

BINZ – WALDHALLE

Hochuferweg, Schwarzer See und Teufelsschlucht

  10,1 km  2:45 h 190 hm  190 hm 737

START | Wir starten am Haus des Gastes in der Heinrich-Heine-Straße 7 in 18609 Binz.
[GPS: UTM Zone 33 x: 410.055 m y: 6.028.909 m]
CHARAKTER | Bequeme Wege und schmale Wurzelpfade führen uns durchs Waldgebiet der Granitz. Vorsicht ist an der Abbruchkante der Steilküste geboten.

Durch den urigen Wald der Granitz führt uns die kurze Wanderung zum malerischen Schwarzen See sowie zu den zahlreichen Aussichtspunkten des Hochuferweges oberhalb der Steilküste. Die sagenumwobene Teufelsschlucht leitet schließlich hinab zum Strand.

▶ Vom **Haus des Gastes 01** folgen wir der Heinrich-Heine-Straße ortsauswärts. Sie geht bald ins Sträßchen Klünderberg über. Gleich nach dem kurzen Anstieg schwenken wir beim Tennisverein links zum Wanderparkplatz

hin und orientieren uns hier in Richtung „Schwarzer See". Die Route taucht in das dichte Grün der hügeligen Granitz ein – einst ein beliebtes Jagdrevier der Putbuser Fürstenfamilie. Wir wandern geradeaus, passieren einen Unterstand und erreichen nach längerem Auf und Ab die Wegkreuzung an der **Kreuzeiche 02**. Hier biegt die Tour – entsprechend der Beschilderung „Schwarzer See" – links. Nach einem knappen Kilometer erreicht die Wanderung auf einem betonierten Wegabschnitt den Abstecher zum idyllisch gelegenen, ma-

01 Haus des Gastes, 7 m; **02** Kreuzeiche, 27 m; **03** Schwarzer See, 41 m; **04** Waldhalle, 56 m; **05** Teufelsschlucht, 0 m;

Die Granitzer Waldhalle

Der zunehmende Ostseetourismus ließ gegen Ende des 19. Jahrhunderts unzählige Hotels und Restaurants wie Pilze aus dem Boden schießen. So entstand 1888 auch auf dem 65 m hohen Falkenberg das Ausflugslokal Waldhalle, dass sich mit einer Fernsicht bis nach Sassnitz und zur Kreideküste Stubbenkammers einer großen Beliebtheit erfreute. 100 Jahre später musste das Gebäude wegen fortschreitender erosionsbedingter Küstenabbrüche aufgegeben und abgerissen werden.

lerischen **Schwarzen See 03**, der sich perfekt für eine Rast eignet. Das bis zu 15 m tiefe Gewässer ist als Kernzone eines Naturschutzgebietes ausgewiesen.

Am Ufer des Kesselsees fallen Hochmoorbereiche auf, wo Torfmoose und Wollgräser eine Schwingdeckenvegetation bilden. Zurück am Weiser orientieren wir uns nun zur nahen „Ufersicht Waldhalle" hin. Am nächsten Richtungszeiger entsprechend abzweigend gelangen wir gleich zum **Aussichtspunkt Waldhalle 04** am Hochuferweg, wo eine Bank zum Pausieren und Genießen einlädt. Der Blick

schweift hier über die Steilküste und die Ostsee bis nach Sassnitz sowie zur Kreideküste Stubbenkammers. Unsere Route setzt sich jetzt auf dem Hochuferweg in Richtung „Binz" fort, wobei insbesondere in der Nähe der Abbruchkante Vorsicht angebracht ist. Uriger Buchenwald und eine ganze Reihe weiterer Aussichtspunkte mit einer Fernsicht bis zur Halbinsel Jasmund begleiten die Tour. Nach einem längeren Wegstück stoßen wir wieder auf den Unterstand vom ersten Wanderabschnitt. Hier nutzen wir die **Teufelsschlucht 05** für einen Abstieg zum Strand.

Parallel zu diesem wird schließlich **Binz 01** erreicht, wobei der bald feinsandige Strand und verschiedene Einkehrmöglichkeiten zur Rast verlocken. Am Strandzugang 6 sollte man sich zudem den Blick auf eine architektonische Perle nicht entgehen lassen: Den ehemaligen Rettungsturm entwarf 1981 der Binzer Architekt Ullrich Müther. Heute dient das Bauwerk als Außenstelle des örtlichen Standesamtes. Noch bis 2004 wurde es allerdings tatsächlich entsprechend seiner eigentlichen Bestimmung als Ausguck für Rettungsschwimmer genutzt.

Am Hochuferweg.

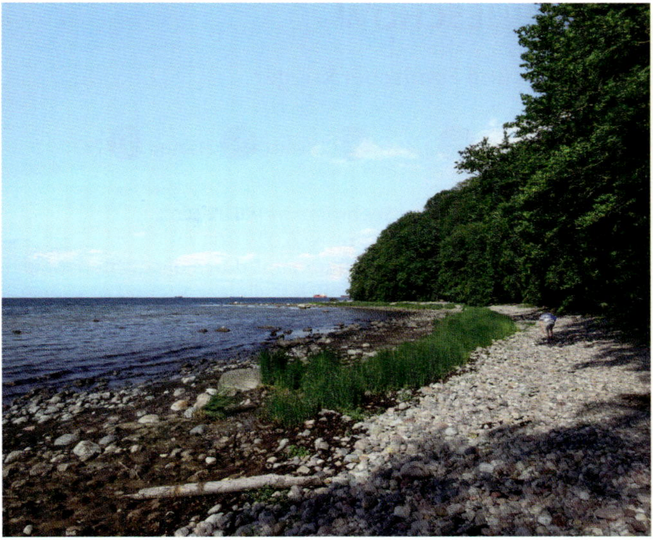

Steiniger Strand am Binzer Hochufer.

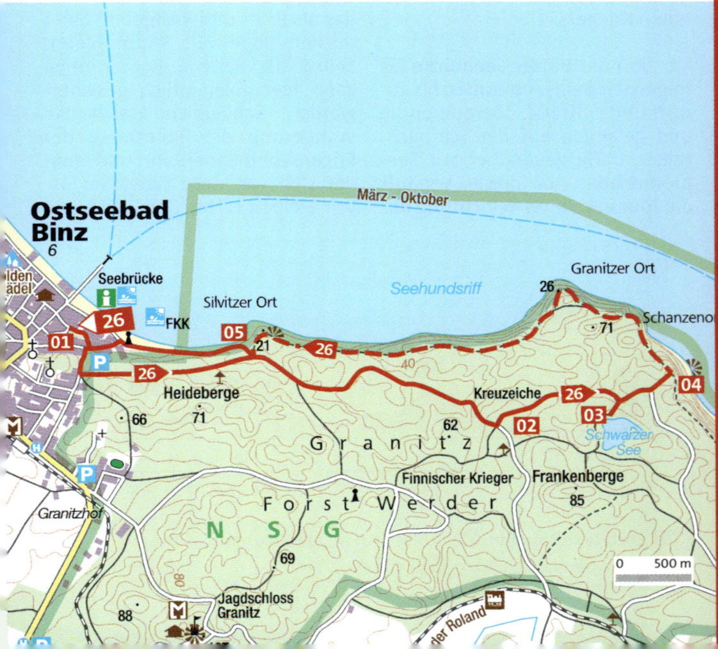

Ostseebad Binz
6
Seebrücke
FKK
Silvitzer Ort
Seehundsriff
März - Oktober
Granitzer Ort
Schanzeno
26
01
05
21
40
71
04
Heideberge
71
66
Kreuzeiche
62
02
03
Schwarzer See
Granitz
Finnischer Krieger
Frankenberge
85
Forst Werder
N S G
Granitzhof
69
80
Jagdschloss Granitz
88
0 500 m

BINZ – BLIESCHOW

Jagdschloss und Finnischer Krieger

 13,8 km 3:45 h 215 hm 215 hm 737

START | Wir starten an der Seebrücke in 18609 Binz.
[GPS: UTM Zone 33 x: 410.043 m y: 6.029.064 m]
CHARAKTER | Bequeme Wege führen uns durch die dichten Wälder der Granitz. Dabei sind einige – auch steilere – An- und Abstiege zu bewältigen.

Bereits zu Beginn erwartet uns mit dem Ostufer des Schmachter Sees ein reizvolles Idyll. Danach erwandern wir bei einigem Auf und Ab das traumhaft gelegene Jagdschloss Granitz mit spektakulärem Blick vom Turm sowie das geheimnisvolle Grab eines finnischen Kriegers.

► Von der **Binzer Seebrücke** 01 folgen wir der Hauptstraße bis zur Jasmunder Straße, überqueren sie und gelangen auf der Schmachterseestraße gegenüber zur Seepromenade. Auf dieser verläuft die Tour nach links in Richtung des „Jagdschloss Granitz". An der nahen Querstraße behält die Route die Destination bei und wendet sich rechts. Wir bleiben nun am Ufer des Schmachter Sees, wo Pfade hier und da einen Zugang zum Wasser erlauben. Röhrichte und Erlenbrüche säumen das Ufer, das als Brut- und Rastgebiet einer reichen Vogelwelt Raum bietet. Selbst die seltene Rohrdommel kann hier gelegentlich gesichtet werden. Schließlich kreuzt die Wanderung die Bahntrasse der Rügenschen BäderBahn und wendet sich von dem Gewässer ab. Wir bleiben rechts der Gleise und

01 Seebrücke Binz, 5 m; 02 Schloss, 103 m; 03 Kreuzeiche, 48 m;
04 Finnischer Krieger, 65 m; 05 Denkmal, 75 m;

Beim Schmachter See.

Diese steigt bald im Wald steiler an und erreicht endlich das Granitzhaus – ein 1901 erbautes ehemaliges Forst- und Gasthaus – mit einer sehenswerten Ausstellung zum Biosphärenreservat Südost-Rügen. Am Weiser beim nahen Imbiss setzt sich die Wanderung später in Richtung „Bhf. Garftitz" fort. Zunächst legen wir jedoch die letzten Meter zum **Jagdschloss 02** auf der Kuppe des Tempelberges zurück, wo unbedingt der weite Panoramablick vom Turm genossen werden sollte. Zudem bietet sich die hiesige Gaststätte für eine Rast an.

achten auf den grünen Wanderpfeil sowie die Radwegbeschilderung. Bei der B 196 stoßen wir wieder auf die Trasse der Kleinbahn. Unser Streckenverlauf quert die Bundesstraße und verläuft nun auf der kleinen Straße gegenüber.

Dann laufen wir – bald steil hinab – in Richtung „Bhf. Garftitz" weiter. Beim schönen Rastplatz am Ortseingang von Blieschow orientiert sich die Tour links in Richtung „Sellin". Diese Destina-

Jagdschloss Granitz.

tion behalten wir auch nach 600 m bei und schwenken rechts. Vorbei an mächtigen Buchen und Eichen sowie bald neben der Kleinbahnstrecke gelangt die Route zu einem Richtungszeiger bei einem Unterstand. Hier wendet sie sich scharf links in Richtung „Finnischer Krieger". Auch am Unterstand beim Naturdenkmal **Kreuzeiche 03** (links) sowie am nächsten Weiser (rechts) behalten wir die Destination bei. Schließlich wird mitten im dichten Grün der Granitz ein Rastplatz erreicht, der beim **Grab eines finnischen Kriegers 04** angelegt wurde. Dieser erlag wohl im Winter 1806/07 – während der Befreiungskriege gegen Napoleons Heere – einer schweren Krankheit. Im weiteren Verlauf orientieren wir uns stets an der Beschilderung „Binz-Mitte" (später auch „Seebrücke") und kommen an einem **Denkmal 05** für Kriegsopfer vorüber. Danach wandern wir steil hinab nach Binz und zum **Ausgangspunkt 01**.

Jagdschloss Granitz

Das neogotische Jagdschloss thront auf dem Gipfel des Tempelberges. Auftraggeber der Anlage war 1838 der bauwütige Fürst Malte I. von Putbus, der damals größte Grundeigentümer der Insel. Der Aufstieg zur zinnenbewehrten Aussichtsplattform des kreisrunden Mittelturmes – der Krone Rügens – führt über 154 gusseiserne, durchbrochen gearbeitete Stufen und wird mit einem grandiosen Panorama belohnt. Am Entwurf für den hoch aufragenden Bergfried hatte sogar Preußens Staats- und Stararchitekt Schinkel mit Hand angelegt.

Entlang des Hochufers zum Schwarzen See

  6,5 km 1:45 h 125 hm 125 hm 737

START | Wir starten am seeseitigen Ende der Wilhelmstraße oberhalb der Seebrücke von 18586 Sellin.
[GPS: UTM Zone 33 x: 415.420 m y: 6.026.875 m]
CHARAKTER | Von Sellin führen aussichtsreiche Pfade am Hochufer (Vorsicht an der Abbruchkante!) entlang zum Schwarzen See. Bequeme Waldwege leiten uns dann zurück.

Aussichtsreich wandern wir zunächst am Hochufer zwischen Sellin und Binz, bevor die Wanderung den stillen Schwarzen See inmitten des urigen Granitzwaldes ansteuert. Am Ufer des idyllischen Gewässers lässt es sich wunderbar rasten. Bequeme Wege führen uns dann wieder zurück nach Sellin.

▶ Die Tour beginnt am meerseitigen Ende der Wilhelmstraße in **Sellin** 01. Wir genießen hier den grandiosen Blick auf die 394 m lange Seebrücke und steigen dann die Treppe linker Hand („Am Hochufer") hinan. Gleich empfängt uns ein urwüchsiger Buchenwald. Auf und ab windet sich der Pfad nun entlang des Hochufers, wo sich immer wieder schöne Blicke auf Steilküste, Strand und Meer bieten. Zu dicht sollte man sich der Abbruchkante allerdings nicht nähern, denn das Kliff der Granitz ist stark von Abtragung durch die Erosionskraft des Meeres betroffen. Häufig kommt es zu Rutschungen, so dass die Küste hier alljährlich um bis zu 70 cm zurückweicht. Wir gelangen schließlich zur Weg-

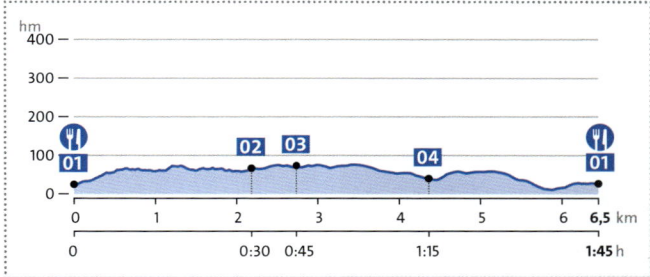

01 Sellin, 23 m; 02 Waldhalle, 59 m; 03 Schwarzer See, 45 m;
04 Sitzgruppe, 21 m;

Die Selliner Seebrücke

Die mit 394 m längste Seebrücke Rügens gehört sicher zu den spektakulärsten Zeugnissen der Bäderarchitektur der gesamten Ostseeküste. Das 1998 eingeweihte Bauwerk wurde nach historischen Vorbildern aus den 1920er Jahren rekonstruiert. Mehr als 50 Jahre lang hatte Sellin auf eine Seebrücke verzichten müssen – im Winter 1942 war das letzte Bauwerk dieser Art von schwerem Eisgang zertrümmert worden. Blickfang der Anlage sind heute die stilvollen Aufbauten, die Raum für Gastronomie und Veranstaltungen bieten. Zudem legen hier auch die Sellin ansteuernden Ausflugsschiffe an.

verzweigung am **Aussichtspunkt Waldhalle** 02 mit einer Fernsicht bis nach Sassnitz und zur Kreideküste Stubbenkammers. Eine Bank lädt zur Rast ein. 1888 war hier auf dem 65 m hohen Falkenberg das Ausflugslokal Waldhalle errichtet worden. 100 Jahre später musste das Gebäude wegen der fortschreitenden Küstenabbrüche aufgegeben und abgeris-

Beim Schwarzen See.

sen werden. Nun entscheidet sich unsere Route entsprechend der Destination „Schwarzer See" für die linke Wegvariante. Am nahen Radweg unternehmen wir den kurzen Abstecher zum **Schwarzen See** 03, dessen Ufer sich ebenfalls als malerischer Pausenplatz anbietet. Das 23 ha große Gewässer erreicht eine Tiefe von 15 m und ist von einer Moorzone umgeben. Danach wandern wir auf dem Radweg zurück in Richtung „Sellin". Auf bequemem Wege verläuft die Route durch den dichten Granitzwald, der über Jahrhunderte hinweg von den Fürsten zu Putbus als ergiebiges Jagdrevier genutzt wurde.

Bei einer überdachten **Sitzgruppe** 04 leitet uns der grüne Wanderpfeil nach links. Auf dem schönen Hohlweg gewinnt die Wanderung einige Höhenmeter und hält sich dann bereits nach 600 m beschildert („Sellin-Mitte") halblinks. Wir erreichen Sellin bei der Kirchstraße, wo man noch einen Blick auf die sehenswerte Kirche aus dem Jahre 1912 werfen sollte. Auf der Kirchstraße wird die Wilhelmstraße und damit der **Ausgangspunkt** 01 erreicht.

Die prächtige Seebrücke in Sellin.

Granitzer Ort
26
Schanzenort
· 71
02

Kreuzeiche
03
62 *Schwarzer*
i t z *See*
nnischer Krieger Frankenberge
04
e r d e r 85
71 ·
28
Tauchgondel *Quitzlasriff*
Hunde-
strand
Seebrücke
Kurklinik
28 **01**
24
99
28
Forsthaus
Sellin Quitzlaser Ort
FKK
Bernstein-
museum100 **Ostseebad**
Sellin- **Sellin**
West
H
M
H
Seefahrerhaus 0 500 m
B AHOI Rügen
P

Altensien Sellin-Ost
51

rasender Roland
· 26 31

ehundsriff

BAHNHOF SELLIN-WEST – BAABE

Zum Jagdschloss Granitz und zur Seedorfer Boddenküste

 14,7 km 4:00 h 185 hm 200 hm 737

START | Wir starten am Bahnhof Sellin-West der Rügenschen BäderBahn in 18586 Sellin.
[GPS: UTM Zone 33 x: 414.316 m y: 6.026.203 m]
CHARAKTER | Rad-, Wald- und Wiesenwege sowie schmale Pfade und kleine Sträßchen führen uns zum Jagdschloss Granitz sowie zum Neuensiener und Selliner See. Hinauf zum Schloss sind einige Höhenmeter zu bewältigen. Fährzeiten beachten!

Durch das urige Waldgebiet der Granitz erreichen wir das gleichnamige, aussichtsreiche gelegene Jagdschloss. Im schönen Ort Lancken-Granitz lohnt ein Blick in die Andreaskirche sehr, bevor wir am Ufer des Neuensiener Sees und entlang der Boddenküste bis nach Baabe wandern.

▶ Am Weiser beim **Bahnhof Sellin-West** `01` lassen wir uns von der Destination „Jagdschloss Granitz" leicht bergan leiten. Vor-

bei an einigen Häusern und geradewegs auf einem Pfad gelangen wir zu einem Radweg, wo sich die Tour links hält. Der gut ausgebaute Weg wechselt zweimal auf die andere Gleisseite. Kurz nach dem zweiten Überschreiten der Schmalspurbahn biegen wir bei einem überdachten Rastplatz am Weiser halblinks in Richtung „Jagdschloss" ein und bleiben so neben der Bahnstrecke. Die Wanderung schwenkt bald von dieser weg und verläuft durch

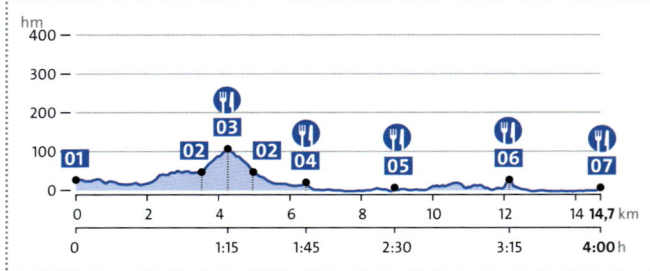

`01` Bahnhof Sellin-West, 22 m; `02` Blieschow, 47 m; `03` Schloss, 107 m;
`04` Lancken-Granitz, 13 m; `05` Seedorf, 0 m; `06` Gasthaus Moritzburg, 26 m;
`07` Bahnhof Baabe, 1 m;

Andreaskirche Lancken-Granitz.

urwüchsigen Wald. Die Beschilderung leitet uns nun – zuletzt auf einem Pflastersträßchen beim Rastplatz am Ortsausgang von **Blieschow** 02 rechts – bis zum Jagdschloss Granitz auf dem 107 m hohen Tempelberg. Ein längerer Anstieg führt hinauf zum 1846 errichteten **Schloss** 03 mit schönem Biergarten und phantastischem Rundblick vom Turm. Wir kehren nun zurück zum Rastplatz am Blieschower Ortsausgang und folgen dem Pflasterweg bis nach

Lancken-Granitz 04. Eine Kastanienallee bringt uns in den Ort, wo wir die Bundesstraße queren und uns zur sehenswerten Andreaskirche hin orientieren. Der gotische Backsteinbau stammt aus dem 15. Jahrhundert. Am Weiser 100 m nach der Kirche hält sich die Route links zum „Neuensiener See" hin. Die Tour passiert eine Siedlung, erreicht auf einem Feldweg den See und biegt an seinem Ufer rechts auf einen Wiesenpfad („Seedorf") ein. Am Radweg hal-

Das Jagdschloss Granitz

Über Jahrhunderte hinweg diente das Waldgebiet der Granitz den Fürsten zu Putbus als Jagdrevier, das zu den ergiebigsten im nördlichen Deutschland zählte. Ein erstes Jagdhaus wurde hier bereits 1726 errichtet. Schließlich beauftragte Fürst Wilhelm Malte zu Putbus den Berliner Architekten Johann Steinmeyer mit dem Entwurf für ein Jagdschloss auf dem 107 m hohen Tempelberg. Dessen Pläne wurden ab 1836 umgesetzt. Der Bau im Stil eines norditalienischen Renaissancekastells verschlang die damals ungeheure Summe von fast 100.000 Talern.

Die Ruderfähre Moritzdorf setzt selbst Fahrräder über.

ten wir uns links und gelangen über die Brücke über die Lancker Bek – der einzigen Verbindung des Neuensiener Sees zur Having und zum Rügischen Bodden – ins schöne Hafenörtchen **Seedorf** 05 mit zahlreichen Einkehrmöglichkeiten. Gleich nach der Brücke schwenken wir rechts und wandern entsprechend der Destination „Moritzdorf über Küstenweg" durch den Ort. Die Dorfstraße geht unvermittelt in einen Pfad über, der entlang der Boddenküste und zwischen knorrigen Eichen bis nach Moritzdorf führt. Hier lohnt der kurze Abste-

cher auf einem Treppenweg hinauf zum **Gasthaus Moritzburg** 06 mit aussichtsreichem Turm. Zurück im Ort orientieren wir uns zur Ruderfähre über die Baaber Bek hin, genießen die nur 50 m kurze Fahrt und schwenken sofort an der Anlegestelle links auf einen Wiesenweg ein, der uns am Schilfsaum des flachen Selliner Sees entlang zum Radweg nach Baabe bringt. Nun ist unser Ziel am Bahnhof der Rügenschen BäderBahn in **Baabe** 07 gleich erreicht. Mit dem Rasenden Roland gelangt man von hier zurück zum **Bahnhof Sellin-West** 01.

Küstenwald bei Moritzdorf.

Wiesenpfad bei Lancken-Granitz.

Um den Selliner See

 11,1 km 3:00 h 95 hm 95 hm 737

START | Wir starten am seeseitigen Ende der Wilhelmstraße ober-
halb der Seebrücke von 18586 Sellin.
[GPS: UTM Zone 33 x: 415.424 m   y: 6.026.871 m]
CHARAKTER | Wurzelpfade, die Strandpromenade zwischen Sellin
und Baabe, Radwege und schmale Straßen leiten um den Selliner
See. Es empfiehlt sich, vom Hafen Baaber Bollwerk mit dem Schiff
nach Sellin zurückzukehren. Fährzeiten beachten.

So spektakulär wie der Blick auf die Selliner Seebrücke ist auch der aussichtsreiche Pfad entlang des Hochufers. Auf einer bequemen Strandpromenade gelangen wir später nach Baabe. Entlang des Ufers des Selliner Sees wird der Baaber Boddenhafen erreicht, von dem man per Schiff nach Sellin zurückkehren kann.

▶ Am meerseitigen Ende der Wilhelmstraße genießen wir den spektakulären Blick auf die **Selliner Seebrücke** `01` und nutzen dann den Treppenaufstieg zur Terrasse des Restaurants Weinwirtschaft. Nach 150 m zweigt in einer Rechtsserpentine der Hochuferpfad ab, dem wir nun immer in Küstennähe (Vorsicht an der Abbruchkante!) und vorbei an zahlreichen Aussichtspunkten folgen. An einer Pflasterstraße wenden wir uns dann schließlich links, gelangen steil hinab zum Strand und folgen hier der Promenade bis zum **Ostseebad Baabe** `02`. Beim Baaber Strandaufgang 4 schwenkt die Tour landeinwärts ein und verläuft nun auf der Strandstraße durch den Ort. Kurz vor deren

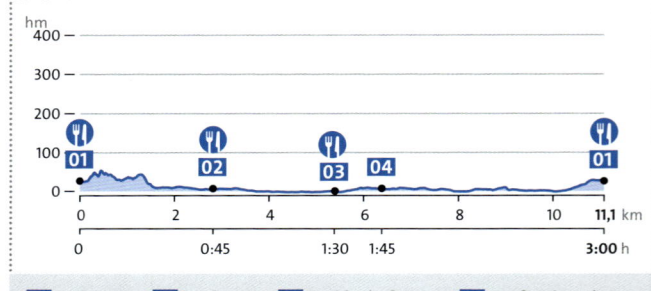

`01` Sellin, 23 m; `02` Baabe, 0 m; `03` Boddenhafen, 0 m; `04` Großsteingrab, 5 m;

Der Selliner See ist leicht salzhaltig.

Das Megalithgrab Goldbusch

Großsteingrab Goldbusch.

Allein in der Region zwischen Altensien und Seedorf waren noch zu Beginn des 19. Jahrhunderts mehr als 40 jungsteinzeitliche Großsteingräber bekannt. Von diesen ist heute lediglich noch der etwa 6.000 Jahre alte Großdolmen am Goldbusch auffindbar. Bemerkenswert sind hier die 27 Vertiefungen, die in den Deckstein eingearbeitet wurden und wohl als „Schälchen" dienten.

Ende biegt die Route rechts in den Göhrener Weg und gelangt zum Bahnhof. Hier überschreiten wir den Bahnübergang, orientieren uns an der Beschilderung „Bollwerk/Fähre" und wandern auf dem asphaltierten Deichweg weiter. Nach circa einem Kilometer auf diesem schwenken wir (200 m nach dem alten Trafohäuschen) rechts auf einen Wiesenpfad entlang des Schilfsaums des Selliner Sees ein. Das Wasser des knapp 2 km langen Flachwassersees ist nur leicht salzhaltig. Der schmale Wurzelpfad leitet uns direkt zum **Boddenhafen 03** am Baaber Bollwerk sowie zur Ruderfähre über die Baaber Bek. Diese stellt die einzige Verbindung des Selliner Sees zur Having – einer Bucht des Rügischen Boddens – dar. Die mit Muskelkraft betriebene Fähre überwindet die nur 49 m breite Wasserrinne, was sie wohl zur kürzesten Fährverbindung Deutschlands macht.

Vom Boddenhafen am Baaber Bollwerk aus empfiehlt sich die Möglichkeit, mit der MS Sellin oder dem Solarschiff Sünje zum Hafen von Sellin zurückzukehren und so den Selliner See aus anderer Perspekti-

ve kennenzulernen. Allerdings lässt sich der See auch gänzlich per pedes umrunden, wobei die Strecke dann aber zumeist auf schmalen Straßen mit etwas Autoverkehr verläuft. In diesem Falle wird die Ruderfähre genutzt, die die Baaber Bek zum gegenüberliegenden Moritzdorf hin überquert. In dem kleinen Ort folgen wir der Beschilderung „Altensien/Sellin", die uns auf einem Sträßchen um die Westseite des Sees führt. Schon nach kurzer Zeit fällt rechter Hand das neolithische **Großsteingrab 04** Goldbusch auf.

In Altensien wandern wir entsprechend der Destination „Sellin" weiter. Am Ortseingangsschild von Sellin schwenkt die Route gleich rechts („Baabe") ein. Circa 350 m verläuft die Wanderung neben der B196, bevor sie sich wieder zum Seeufer hin orientiert und den Boddenhafen von Sellin passiert. Kurze Zeit später leitet uns ein Weiser in Richtung „Sellin Mitte" durch die Bundesstraßenunterführung. Danach queren wir einen Radweg gerade und gelangen durch einen kleinen Park zur Wilhelmstraße und zum **Ausgangspunkt 01**.

BAABE – GÖHREN

Aufs Nordpferd!

  6,8 km 1:45 h 110 hm 80 hm 737

START | Wir starten am Haus des Gastes (Am Kurpark 9) in 18586 Baabe.
[GPS: UTM Zone 33 x: 416.491 m y: 6.024.489 m]
CHARAKTER | Auf einer bequemen Promenade gelangen wir von Baabe zur Seebrücke von Göhren. Dann erklimmen wir auf recht ruppigen und teils steilen Wurzelpfaden das Göhrener Nordpferd.

Gemütlich lässt es sich auf der Bernsteinpromenade zwischen Baabe und Göhren flanieren. Dann erklimmen wir auf recht steilen und ruppigen Wurzelpfaden das Nordpferd, dessen Hochufer mit weiten Ausblicken über die Ostsee punkten kann.

▶▶ Vom Haus des Gastes in **Baabe** 01 gehen wir die wenigen Schritte zur Strandstraße, halten uns dort rechts zum Meer hin und wandern am Strand oder auf der Bernsteinpromenade nach rechts in Richtung „Göhren". Bänke und Strandaufgänge inmitten des schütteren Küstenkiefernwaldes laden zum Verweilen und zur Abkühlung ein. Schließlich nähern wir uns **Göhren** 02 – dem bedeutendsten Ostseebad auf der Halbinsel Mönchgut – an, wo nahe der Seebrücke eine ganze Reihe von Einkehrmöglichkeiten zur Rast verlocken. Circa 100 m nach der Seebrücke folgen wir dem grünen Wanderpfeil wenige Schritte rechts bergan zu einem Weiser. Die Route orientiert sich nun an der Beschilderung „Nordpferd", taucht gleich in Laubwald ein und

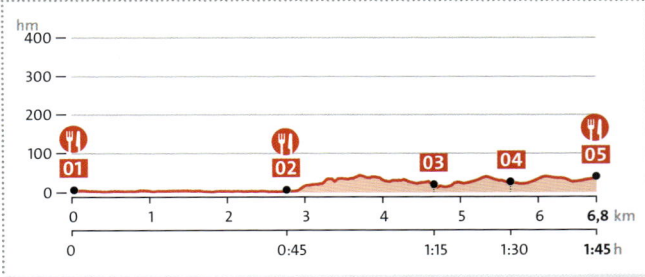

01 Baabe, 5 m; 02 Göhren, 5 m; 03 Kapspitze, 20 m; 04 Schutzhütte, 15 m; 05 Museum, 35 m;

Strandzugang bei Baabe.

steigt steil auf das dicht bewaldete Göhrener Höft an. Das Höft ragt als Kap weit in die Ostsee hinein und läuft nach Osten hin in einem 20 m hohen Kliff – dem Nordpferd – aus. Dieses markiert zugleich den östlichsten Punkt der Insel Rügen. An Richtungszeigern behalten wir unsere Destination stets bei und lassen uns von ruppigen Wurzelpfaden entlang des Hochufers (Vorsicht an der Abbruchkante!) leiten. Meerseitig lässt sich ca. 300 m vor der Nordküste des Höfts ein wellenumbrandeter Stein entdecken. Der Buskam gilt als größter Findling vor der deutschen Ostseeküste. Nach einiger Zeit erschließen wir uns mit einem kurzen Rundweg auch den östlichsten Teil des Nordpferdes. An der **Kapspitze** `03` – dem Scheitelpunkt dieser kurzen Umrundung – kann an einem Unterstand eine verdiente Pause eingelegt werden. Der Blick reicht hier bis nach Sassnitz und zur Kreideküste der Halbinsel Jasmund.

Zurück am Weiser gehen wir nun in Richtung „Ortsmitte" weiter.

Seebrücke des Ostseebades Göhren.

Ein mächtiger Brocken

Vor der Küstenlinie des Göhrener Höfts fällt ein mächtiger Stein in den Wellen auf: Der Buskam gehört zu den größten Findlingen an der deutschen Ostseeküste. Immerhin bringt er – bei einem Umfang von etwa 40 m – ca. 1.600 Tonnen auf die Waage. Die gewaltigen Ausmaße haben Menschen schon immer fasziniert: In der Bronzezeit – damals noch auf dem Trockenen gelegen – diente er als Kultstätte, wovon kleine Aushöhlungen an der Oberfläche zeugen.

Der nun recht bequeme Weg leitet schließlich bei den ersten Häusern von Göhren zu einer **Schutzhütte 04**. Bei guter Sicht lassen sich die Greifswalder Oie und die Küste Usedoms erkennen. Die Tour verläuft dann auf der Hövtstraße bis zur Thiessower Straße, wo sie nach rechts schwenkt. Schon nach wenigen Schritten ist das Göhrener Ortszentrum um die Strandstraße beim **Heimatmuseum 05** (Bushaltestelle) erreicht. Wer mag, kann auf der Bernsteinpromenade auch den Rückweg nach **Baabe 01** in Angriff nehmen.

GÖHREN – BAABE

Zum uralten Herzogsgrab – eine Megalithsetzung aus der Steinzeit

 9,8 km 2:30 h 110 hm 110 hm 737

START | Wir starten an der Kurverwaltung (Poststraße 9) in 18586 Göhren.
[GPS: UTM Zone 33 x: 417.964 m   y: 6.022.265 m]
CHARAKTER | Auf Wegen und Pfaden erkunden wir das Waldgebiet zwischen Göhren und Baabe.

Auf schattigen Waldwegen gelangen wir zum Herzogsgrab – einer Megalithsetzung aus der Jungsteinzeit. Durch die Baaber Heide erreicht die Route schließlich wieder die Kurverwaltung im Zentrum des Ostseebades Göhren.

▶ Von der **Göhrener Kurverwaltung 01** folgen wir der Poststraße 100 m landeinwärts bis zum Kreisverkehr und wandern hier auf der Alten Kirchstraße in Richtung „Angelpark" weiter. Beim Angelpark leitet uns das Sträßchen Wasserwerk Försterei nach rechts. Bereits nach 150 m schwenkt die Tour

halblinks auf einen unbefestigten Weg („Herzogsgrab") ein. Am nächsten Richtungszeiger wendet sich die Route entsprechend der Destination „Herzogsgrab" scharf nach rechts. Gleich an der nächsten Wegkreuzung nach knapp 200 m leitet uns der grüne Wanderpfeil auf einen Waldweg nach links (rot-weiße Schranke). Wir folgen nun stets diesem deutlichen Weg und queren vorsichtig eine Landstraße gerade. Achtung: Etwa 600 m nach dieser führt uns die scharfe Rechtskurve unseres Weges recht steil hinab zu einer Forststraße (nicht den Reit-

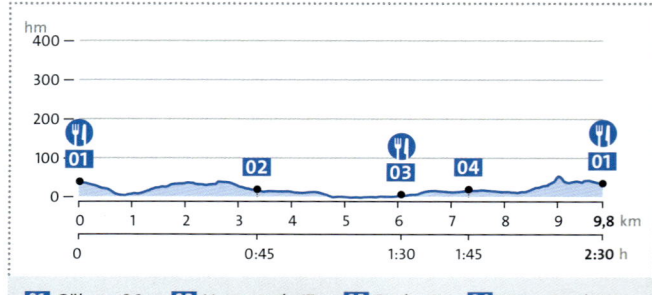

01 Göhren, 36 m; 02 Herzosgrab, 17 m; 03 Baabe, 1 m; 04 Unterstand, 15 m;

Das Herzogsgrab

Fast zwei Jahre lang durchstreifte der Lehrer und Heimatdichter Fritz Worm die Baaber Heide. Durch eine alte Sage hatte er von der Existenz des Herzogsgrabes erfahren – 1924 wurde er schließlich fündig und entdeckte die durch Gebüsch überwucherte jungsteinzeitliche Steinsetzung. Die fast 6.000 Jahre alte Grabkammer in Form eines Großdolmens war über viele Jahrhunderte immer wieder aufs neue für Bestattungen genutzt worden: Untersuchungen identifizierten die Knochenreste von über 30 Toten aus verschiedenen Zeiten. Entsprechend zahlreich und vielfältig waren auch die aufgefundenen Grabbeigaben, zu denen Tongefäße, Steinbeile, Pfeilspitzen und Bernsteinperlen gehörten.

weg geradeaus nutzen!). Auf der Forststraße links wandernd wird nach 100 m bei einer Infotafel das **Herzogsgrab** `02` – ein Großsteingrab aus dem Neolithikum – erreicht. Beim hiesigen Weiser setzt sich die Tour in Richtung „Baaber Bollwerk" fort. An der markanten Waldweggabelung nach 120 m schwenkt die Route rechts. „Schnurgerade" geht es nun durch schönen Mischwald. Am Ortsrand von Baabe – gelegen an der Grenze zwischen der Halbinsel Mönchgut und der Insel Rügen – halten wir uns an der

Der Hafen von Baabe.

kleinen Straße kurz links und nutzen gleich den Deichweg rechts, um zum Bahnhof von **Baabe** `03` zu gelangen. Am Bahnhof der Rügenschen BäderBahn – wo mit etwas Glück vielleicht gerade der Rasende Roland vorüberschnauft – überqueren wir die Bundesstraße zum Göhrener Weg hin. Dieser kreuzt gleich die Strandstraße, führt uns aus Baabe hinaus und hinein in das Waldgebiet der Baaber Heide in Richtung „Göhren". Auf der bequemen Forststraße werden ein **Unterstand** `04` passiert und schließlich die Bahngleise überschritten. Gleich danach leitet uns die Rad- und Wanderbeschilderung auf einen Radweg nach halblinks. Bald kreuzt die Wanderung eine Straße und orientiert sich wenig später links – weg vom Radweg – auf einen Waldweg („Göhren-Mitte"). An einer nahen Verzweigung hält sich die Route entsprechend rechts bergan. Kurz vor den ersten Häusern von Göhren biegen wir an der ersten Pfadgabelung links. Bald queren wir einen Parkplatz und schwenken zwischen den neuen Appartementhäusern rechts in die Carlstraße. Zum Gebäude der **Kurverwaltung** `01` in der Poststraße sind es nun nur noch wenige Schritte.

Am Selliner See.

GÖHREN – THIESSOW

Vom Nordpferd zum Südpferd

  12,8 km  3:30 h 145 hm 145 hm 737

START | Wir starten an der Seebrücke von 18586 Göhren.
[GPS: UTM Zone 33 x: 418.188 m y: 6.022.755 m]
CHARAKTER | Ruppige und teils steile Wurzelpfade sowie lange Strandabschnitte prägen die Tour. Besondere Vorsicht ist im Bereich der Steilufer nötig, die besser umgangen werden sollten.

Recht steile Wurzelpfade bringen uns gleich zu Beginn hinauf auf das aussichtsreiche Göhrener Nordpferd. Ein längerer Abstieg führt schließlich hinab zum Südstrand, an dem wir bis zum Lobber Ort spazieren. Die weitere Strecke bis zum Lotsenturm auf dem Thiessower Südpferd kann entweder am Strand oder auf dem Fuß-/Radweg im schattigen Küstenwald zurückgelegt werden.

▶ Mit Blick auf die **Göhrener Seebrücke** 01 halten wir uns auf der Strandpromenade etwa 100 m nach rechts und folgen dann dem grünen Wanderpfeil wenige Schritte rechts bergan zu einem Weiser. Die Route orientiert sich nun an der Beschilderung „Nordpferd", taucht gleich in dichten Laubwald ein und steigt steil an. An Richtungszeigern behalten wir unsere Destination stets bei und lassen uns von ruppigen Wurzelpfaden entlang des Hochufers (Vorsicht an der Abbruchkante!) leiten. Meerseitig lässt sich hier bald ein wellenumbrandeter Stein entdecken. Der Buskam gilt als größter Findling vor der deutschen Ostseeküste. Nach einiger Zeit erschließen wir uns mit ei-

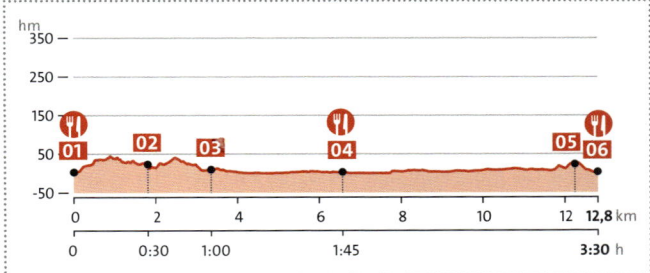

01 Göhren, 3 m; 02 Kapspitze, 15 m; 03 Südstrand, 0 m; 04 Lobbe, 0 m;
05 Lotsenturm, 21 m; 06 Thiessow, 0 m;

Kormorane sind häufige Gäste vor dem Göhrener Südstrand.

nem kurzen Rundweg auch den östlichsten Teil des Nordpferdes. An einem Unterstand an der **Spitze des Kaps 02** – dem östlichsten Punkt Rügens – kann eine verdiente Pause eingelegt werden. Zurück am Weiser gehen wir nun in Richtung „Ortsmitte" weiter. Der nun recht bequeme Weg leitet schließlich bei den ersten Häusern von Göhren zu einer aussichtsreichen Schutzhütte. Von hier folgen wir der schmalen Hövtstraße lediglich 200 m. Dann biegt die Wanderung gegenüber Haus Nr. 11 auf den abwärts führenden Pfad in Richtung „Südstrand" ein. Am Fuß des Steilufers wandern wir am **Strand 03** nach rechts. Das anfangs recht grobe Geröll macht bald feinem Sand

Platz. Zu dicht sollte man den Hängen der Steilküste allerdings nicht kommen – besteht doch gerade nach starken Regenfällen Abbruchgefahr. Bald flacht das Gelände ein und mit dem Hochufer am Lobber Ort gerät unser nächstes Etappenziel ins Blickfeld.

Ein längeres Wegstück am Strand entlang führt uns schließlich dorthin. Der Naturstrand mit seinen großen Geröllblöcken zeigt sich recht wild. Vor der Küste fallen auch an diesem Küstenabschnitt mächtige Findlinge auf, deren größter der Fritz-Worm-Stein ist. Auf jeden Fall sollte hier auf die Hinweisschilder geachtet werden, insbesondere nach Sturm-

Findlinge vor dem Lobber Ort

Im küstennahen Gewässer vor dem Lobber Ort fallen einige Findlinge auf. Der größte unter ihnen wurde nach dem Lehrer und Heimatdichter Fritz Worm benannt, der 1931 im nahen Alt Reddevitz verstarb. Der mächtige Gesteinsbrocken bringt es bei einem Volumen von 17 m³ immerhin auf ein Gewicht von 46 Tonnen. Er wurde 1914 bei einer Sturmflut aus dem Steilufer des Lobber Orts gerissen und befindet sich heute – nur ein Jahrhundert später – bereits 20 m vor der Küstenlinie.

Heide

Philippshagen

Schrägaufzug

Seebrücke 104

01

P

Herzogsgrab

196

58

Plansberg

Ostseebad Göhren
Hundestrand

Buskam

33

Uferabstieg **02**

NSG

105

61

i

Mönchguter Museum

110

enberg

101

Angelpark

107

108 Hundestrand

03 ★ Reste Schwedenbrücke

26

Philipshagen

Schulmuseum

P

Museumsschiff "Luise"

Middelhagen

Kleinhagen

Technisches Denkmal Windschöpf-werk

P

33

Gr. Lobber See

NSG

Fritz-Worm-Stein

04

Lobbe

15

Lobber Ort

g e n

Hundestrand

2

P

ö

P

47

Großer Strand

P

2

P

2

M

n

c

h

g

u

t

33

icker-

see

33

Campingplatz Thiessow

** ein Zicker**

P

Seebad Thiessow

2

06

P

Lotsen-turm

33

36

05 Lotsenberg Südperd

Godewind

P

i

NSG

Mönchguter Fischerklause

0   500 m

Der Göhrener Südstrand erstreckt sich am Fuß eines Hochufers.

und Regenperioden empfiehlt es sich, den Bereich landseitig auf der Straße zu umgehen. Zudem besteht in **Lobbe** 04 die Möglichkeit, mit dem Bus nach Göhren zurückzukehren. Wer den langen Strandspaziergang nicht scheut, kann am Küstensaum bis nach Thiessow laufen. Alternativ bietet sich auch der Fuß- und Radweg im schattigen Küstenwald an, der parallel zum Strand verläuft. Bei der DLRG-Station von Thiessow wechseln wir auf die Strandpromenade, wo im Café eine verdiente Rast eingelegt werden kann. Danach taucht die Route in den Wald ein und hält sich gleich rechts hin zum Treppenaufstieg hinauf zum aussichtsreichen **Lotsenturm** 05 auf dem Südpferd. Danach geht es die Stufen wieder hinab in den Ort und – an der Straße links – zur Bushaltestelle von **Thiessow** 06.

Küste nahe Göhren.

GROSS ZICKER – NONNENLOCH

Durch die Zickerschen Berge

 7,8 km 2:00 h 110 hm 110 hm 737

START | Wir starten an der Bushaltestelle Abzweig Groß Zicker an der Straßenverzweigung Gager/Groß Zicker auf der Halbinsel Mönchgut.
[GPS: UTM Zone 33 x: 415.531 m y: 6.017.966 m]
CHARAKTER | Bequeme Wege und Pfade führen aussichtsreich durch die Zickerschen Berge.

Auf idyllischen Wiesenpfaden erwandern wir die Kuppe des Bakenberges, genießen hier die Aussicht über das Mönchgut und erkunden dann den Höhenrücken der Zickerschen Berge. Später lädt in Groß Zicker mit dem Pfarrwitwenhaus eines der ältesten erhaltenen Wohnhäuser der Insel Rügen zu einem Besuch ein.

▶ Von der **Bushaltestelle** `01` folgen wir der Straße in Richtung „Groß Zicker" und schwenken nach 350 m am Weiser rechts auf einen Wiesenweg in Richtung „Bakenberg" ein. Aussichtsreich erklimmen wir die 66 m hohe **Erhebung** `02`, die sogar mit einem Gipfelkreuz versehen ist. Seit den späten 1960er Jahren stand hier ein wenig pittoreskes Bauwerk aus Beton, dass der Trinkwasserversorgung diente. 1999 wurde es zum Glück rückgebaut. Das hiesige Panorama ist atemberaubend und reicht über die ganze Halbinsel Mönchgut sowie bis hin zum Nordpferd bei Göhren. Auf der anderen Seite der Kuppe wandern wir weiter, tauchen in ein Gehölz ein und lassen uns in Richtung

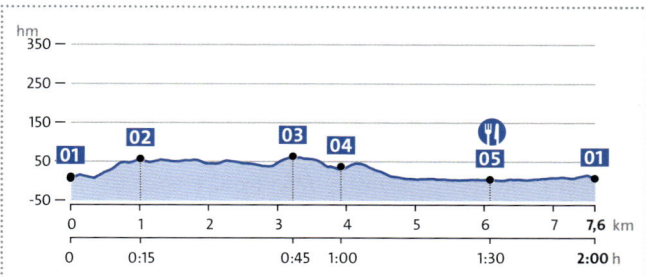

`01` Bushaltestelle, 0 m; `02` Bakenberg, 66 m; `03` Unterstand, 50 m;
`04` Nonnenloch, 13 m; `05` Groß Zicker, 0 m;

Das Pfarrwitwenhaus in Groß Zicker

Das leuchtend weiße Pfarrwitwenhaus mit dem markanten Rohrdach wurde 1780 als niederdeutsches Hallenhaus für die verwitwete und von Obdachlosigkeit bedrohte Witwe des Pfarrers von Groß Zicker errichtet. Es gehört zu den ältesten erhaltenen Wohngebäuden auf Rügen und ist von einem traumhaft schönen Garten umgeben. Die letzte Pfarrwitwe lebte noch bis 1810 in dem Anwesen. Später wurde es als Schule und Mietshaus genutzt.

Das Pfarrwitwenhaus in Groß Zicker.

„Zickersches Höft" leiten. Entsprechend dieser Destination verläuft die Route geradewegs als „Kammweg" auf dem Rücken der Zickerschen Berge. Am Rande eines kleinen Kiefernwaldes wird schließlich ein **Unterstand** `03` erreicht, der auch wegen eines grandiosen Rundblickes zur Rast einlädt. Hinter dem Gehölz geht es nur noch kurz auf dem Rücken – der hier mit dem Zickerberg nochmals eine Höhe von 66 m markiert – weiter, denn schon 350 m nach dem Pausenplatz leitet uns der grüne Wanderpfeil rechts talwärts. Am nahen Weiser orientiert sich die Tour links in Richtung „Nonnenloch".

Vom nahen **Nonnenloch** `04` aus lassen wir uns nun von der Beschilderung „Groß Zicker" führen. Im **Dorf** `05` – das sicher zu den schönsten auf Rügen gehört – lohnt sich der Besuch des urigen Pfarrwitwenhauses mit wunderbarem Garten sehr. Die gotische Kirche stammt sogar aus dem Jahr 1360 und ist damit das älteste Bauwerk auf der Halbinsel Mönchgut. Prunkstück im Inneren ist ein mittelalterlicher Sakramentsschrein, der aus einem einzigen Eichenstamm gehauen wurde. Auf dem Dorfsträßchen wandern wir dann zum Ortsausgang und weiter zum **Ausgangspunkt** `01`.

Blütenpracht unterwegs.

Hagensche Wiek

st-

Rügen

Marina Gager
Alte Bootswerft

Gager

Zum Anker

Bakenberg

34

47

01

02

34

Rotbuche

34

Zickersches

Pfarrwitwen-
haus

Kriegerdenkmal

03

Zickerberg
66

103

102

04

34

6

Taun Hövt

05

Stechpalme

Treppe

Höft

Groß Zicker

51

Kaming

Kirkenort

Zicker-

N S G

see

Zickerhörn

0 500 m

Saalsufer

38

Klein Zicker

Campingplatz
Thiesow

ALT REDDEVITZ – REDDEVITZER HÖFT

Unterwegs zwischen Having und Hagenscher Wiek

 9 km 2:30 h 65 hm 65 hm 737

START | Wir starten an der Bushaltestelle Alt Reddevitz in 18586 Alt Reddevitz.
[GPS: UTM Zone 33 x: 413.649 m y: 6.021.140 m]
CHARAKTER | Die Tour verläuft fast durchweg auf einer kleinen Betonstraße, die wir uns mit wenigen Autos und vielen Radlern teilen. Entsprechend lässt sie sich auch gut mit dem Rad bewältigen.

Die schöne und panoramenreiche Wanderung verläuft auf der schmalen Halbinsel zwischen Hagenscher Wiek und Having. Ziel ist das Hochufer beim Reddevitzer Höft am westlichen Ende der Landzunge. Da die Strecke fast durchgehend asphaltiert ist, lässt sie sich auch gut mit dem Fahrrad bewältigen.

▶ Die Tour beginnt an der Bushaltestelle **Alt Reddevitz** 01 und folgt der kleinen Straße jenseits des Kreisverkehrs zum Feld hin und schwenkt dort – entsprechend der Destination „Reddevitzer Höft" links. Das Betonsträßchen – auf dem hin und wieder auch ein Auto verkehrt – teilen wir uns vor allem mit Radlern. Wir passieren den **Abzweig zur Störtebeker Brennerei** 02 – der man am Ende der Wanderung einen Besuch abstatten kann – und genießen die Aussicht über die Hagensche Wiek hinweg auf den Hafenort Gager am Fuße der Zickerschen Berge. Die Route gewinnt nun einige Höhenmeter, so dass der Blick bald auch nordwärts über die lagunenartige

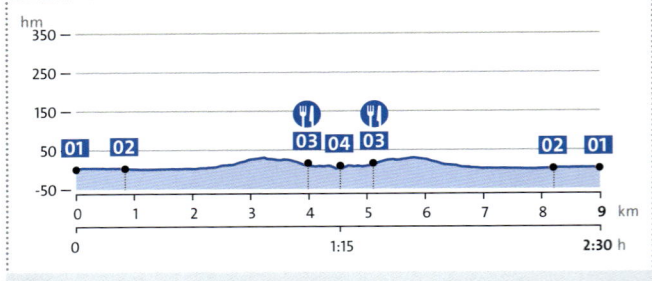

01 Alt Reddevitz, 1 m; 02 Abzweig Brennerei, 0 m; 03 Having-Hof, 4 m; 04 Reddevitzer Höft, 0 m;

Steilufer beim Reddevitzer Höft.

N S G

23

30
Slaw. Burgwall

Neu Reddevitz

Having

12

Gobbiner Höft

22
Mariendorf

01

35

5
Alt   Kliesow's
Reddevitz   Reuse

02

35

11

er Ort

31   35

15

03

4

Reddevitzer Höft

Hagensche   Wiek

S ü d o s t -

Marina Gag
Alte Bootswer

0   500 m

Gage

Bei Alt Reddevitz.

Bucht Having schweifen kann. Als Landmarke fällt hier hoch über den Wäldern der Granitz und das gleichnamige Jagdschloss auf dem 107 m hohen Tempelberg ins Auge. Bald gelangt die Tour zum einladenden **Having-Hof** `03`, wo sich eine Einkehr anbietet. Schon seit 1896 (und damit mittlerweile seit 5 Generationen) hat hier ein Gasthaus seine Pforten geöffnet. Nun trennen uns nur noch wenige Schritte auf einem unbefestigten Weg vom **Reddevitzer Höft** `04`.

Das aussichtsreiche Kliff am Westende der Halbinsel ist bis zu 15 m hoch. Von hier lässt sich ein schönes Panorama auf die Insel Vilm genießen. Eine kurze Treppe führt hinab zum Strand, der mit einem beeindruckenden Blick auf die Steilküste aufwartet. Durch Frostsprengung, Abbrüche und Rutschungen weicht diese aber alljährlich um bis zu 20 cm zurück. Nach einer Rast geht es schließlich auf dem gleichen Weg zurück nach **Alt Reddevitz** `01`.

Alt Reddevitz

Lediglich 150 Einwohner sind in dem kleinen Dorf an der Hagenschen Wiek – einer Bucht des Rügischen Boddens – zu Hause. Trotzdem kann die Siedlung auf eine lange Geschichte zurückblicken – schließlich ist der Name des Ortes slawischen Ursprungs. Ab 1252, als Fürst Jaromar II. die Flur von Reddevitz und die südlich gelegenen Gebiete dem Kloster Eldena schenkte, wurde die gesamte Region zum Mönchgut. Dieser Name hat sich bis in die heutige Zeit für die Halbinsel im Südosten Rügens erhalten.

BAHNHOF SEELVITZ – BAABE

Die Megalithgräber bei Lanken-Granitz

 13,8 km ⏱ 3:45 h ◻ 110 hm ◻ 125 hm ◻ 737

START | Wir starten am Bahnhof Seelvitz der Rügenschen BäderBahn. [GPS: UTM Zone 33 x: 406.543 m y: 6.025.435 m]

CHARAKTER | Bequeme und zumeist asphaltierte Wege – auf denen auch viele Radler unterwegs sind – führen durch urige Wälder und aussichtsreiche Felder. Bei Seedorf sind einige Anstiege zu bewältigen. Fährzeiten der Ruderfähre beachten!

Das idyllisch gelegene Groß Stresow beeindruckt mit vielen reetgedeckten Häusern. Später taucht die Tour in den urigen Küstenwald ein, wo mächtige Buchen die Ziegensteine – ein Hünengrab – beschatten. Weitere Steinsetzungen gibt es bei Lancken-Granitz zu bestaunen. In Moritzdorf setzen wir mit der Ruderfähre über die Baaber Bek und gelangen ins Ostseebad Baabe.

▶ Vom **Bahnhof Seelvitz 01** an der Strecke der Rügenschen BäderBahn gehen wir zum Bahnübergang an der Straße, überqueren diesen und gelangen gleich ins kleine Dorf Nistelitz. Hier hält sich die Tour rechts und erreicht bald über eine Anhöhe hinweg eine größere Landstraße. An dieser laufen wir vorsichtig 70 m nach rechts und schwenken in das Sträßchen nach **Groß Stresow 02** ein. Eine Baumallee leitet uns nun bis in den pittoresken Ort. Am Weiser im Zentrum biegt die Route links in Richtung „Lancken-Granitz" ein. Vorbei an

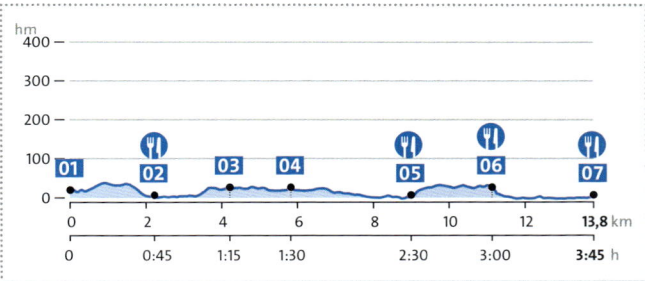

01 Bahnhof Seelvitz, 7 m; **02** Groß Stresow, 0 m; **03** Ziegensteine, 3 m; **04** Megalithgräber, 10 m; **05** Seedorf, 0 m; **06** Gasthaus Moritzburg, 25 m; **07** Bahnhof Baabe, 0 m;

Das Verräterhaus in Groß Stresow.

Das „Verräterhaus" in Groß Stresow

Im Großen Nordischen Krieg – Rügen stand damals unter schwedischer Herrschaft – kämpften preußische und dänische Verbände gegen das Königreich Schweden. Als Gegner Schwedens landete der preußische König 1715 mit mehr als 20.000 Mann auf Rügen. Johann Meußling, der damalige Bewohner des „Verräterhauses", signalisierte ihm mit einem weißen Laken die Landungsstelle.

reetgedeckten Häusern – darunter auch das historisch bedeutsame „Verräterhaus" – verlassen wir Groß Stresow und wandern aussichtsreich am Bodden entlang. Ein kurzes Stück hinter der Feriensiedlung Klein Stresow taucht die Tour in ein uriges Waldgebiet ein. Hier erwartet uns ein ganz besonderer Rastplatz im Schatten hoch aufragender Buchen – er befindet sich direkt neben dem Hünengrab **Ziegensteine** 03. Die neolithische Steinsetzung bestand einst aus mehreren Gräbern. An einem der beiden Wächtersteine fällt eine eingeritzte Kreuzrille auf.

Nach einer Rast stößt die Wanderung bald auf eine Verkehrsstraße, die später geradewegs in Richtung „Seedorf" überschritten wird. Zuvor sollte allerdings noch der interessante Abstecher zu einigen weiteren **Megalithgräbern** 04 unternommen werden: Dazu gehen

Unweit der Ziegensteine.

wir auf der Verkehrsstraße links in Richtung „Lancken-Granitz" und schwenken nach 350 m links auf einen Wiesenpfad ein. Die Bauminseln auf dem Feld beschirmen eine ganze Reihe gut erhaltener jungsteinzeitlicher Großdolmen. Zurück an der Kreuzung wandern wir dann auf dem Fahrweg in

Weide bei Groß Stresow.

Richtung „Seedorf" weiter. Bald passiert die Route die Siedlung Preetz und gewinnt inmitten weiter Felder eine kleine Anhöhe mit schönem Blick auf den Neuensiener See. Gleich darauf wird die Brücke über die Lanckener Bek gequert. Im schönen Hafenort **Seedorf 05** locken eine ganze Reihe Einkehrmöglichkeiten, bevor wir uns in Richtung „Baabe" auf den Weg machen und dem Sträßchen neben der Gaststätte Drei Linden recht steil bergan folgen. Nach dem Anstieg kann dann eine Rast am Picknickplatz eingelegt werden. An der Weggabelung 250 m weiter halten wir uns rechts („Moritzburg") und steigen noch einige Meter zum beliebten und ausgesprochen aussichtsreichen **Ausflugslokal 06** auf. Schließlich bringt uns ein Treppenweg hinab nach Moritzdorf, wo wir uns zur Ruderfähre über die Baaber Bek hin orientieren. Die Beschilderung leitet uns dann ins nahe **Baabe 07**, das wir beim Bahnhof der Rügenschen BäderBahn erreichen. Mit dem Rasenden Roland gelangt man von hier zurück zum **Bahnhof Seelvitz 01**.

Großsteingrab Lancken-Granitz.

Entlang des Rügischen Boddens

 8,7 km 2:15 h 90 hm 70 hm 737

START | Wir starten am Hafen (Chausseestraße) von 18581 Lauterbach. [GPS: UTM Zone 33 x: 402.492 m y: 6.022.729 m]

CHARAKTER | Auf Wald- und Feldwegen erkunden wir einen der schönsten Küstenabschnitte des Rügischen Boddens. Neben Wanderern wird die Strecke zugleich von zahlreichen Radlern genutzt. Den Bahnhof Seelvitz erreichen wir auf einer Straße.

Vom Lauterbacher Hafen wandern wir zum historischen Badehaus Goor, wo die Route in einen urigen Küstenwald eintaucht. Am traumhaft schönen Ufer des Rügischen Boddens entlang erreichen wir schließlich das idyllisch gelegene Groß Stresow. Ein Sträßchen bringt uns von hier zum Bahnhof Seelvitz, von dem aus der Rasende Roland zurück nach Lauterbach dampft.

▶ Vom **Lauterbacher Hafen** 01 orientieren wir uns zur Chaussee-straße hin und biegen nach wenigen Schritten am Weiser auf den Rad- und Wanderweg in Richtung „Badehaus Goor" ein. Die Tour unterquert die Bahnstrecke der Rügenschen BäderBahn und hält sich an der Fürst-Malte-Allee beschildert rechts. Beim traditionsreichen **Badehaus Goor** 02 folgt die Route der Destination „Groß Stresow". Fürst Wilhelm Malte zu Putbus ließ das Badehaus ab 1818 errichten. Schon wenige Jahrzehnte später zählte es zu den vornehmsten Seebädern Europas. Ein

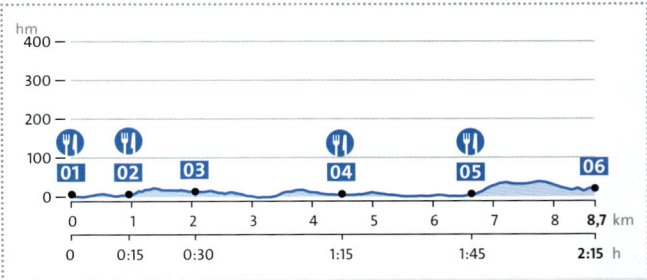

01 Hafen Lauterbach, 0 m; 02 Badehaus Goor, 4 m; 03 Treppenabstieg, 0 m; 04 Muglitzer Ort, 2 m; 05 Groß Stresow, 0 m; 06 Bahnhof Seelvitz, 16 m;

Das Badehaus Goor

Schon ab 1816 trug sich der unternehmungslustige und baufreudige Fürst Wilhelm Malte I. mit dem Gedanken, nahe seiner Residenzstadt Putbus ein Seebad zu etablieren. Der Komplex wurde westlich des Waldgebietes der Goor bei Lauterbach errichtet. Mit königlicher Genehmigung durfte er sich sogar mit dem Namenszusatz Friedrich-Wilhelm-Bad schmücken. Das heutige monumentale Aussehen erhielt die Anlage in den 1830er Jahren. Als eines der vornehmsten Seebäder Europas beherbergte es die Crème de la Crème der kontinentalen Gesellschaft. So zählten Otto von Bismarck, Elizabeth von Arnim und Alexander von Humboldt zu den Lauterbacher Sommerfrischlern.

Sträßchen leitet uns nun hinein in den Wald und ins 157 ha große Naturschutzgebiet Goor-Muglitz. Im Waldgebiet der Goor dominieren vor allem Rot- und Hainbuchen sowie Stieleichen. Wir wandern geradewegs unter dem dichten Laubdach und ignorieren Abzweige. Ein **Treppenabstieg 03** bietet sich unterwegs für einen Abstecher zum Strand an – die hiesige Bank gewährt einen schönen Blick auf die nahe Insel Vilm. Das 2.700 m lange Eiland gehört zur Kernzone des Biosphärenreservates Südost-Rügen und darf nur im Rahmen geführter Touren betreten werden. Für ein kurzes Stück führt ein Wanderern vorbehaltener Pfad direkt an der Küste entlang. Immer wieder bieten sich im weiteren Verlauf schöne Rastplätze an Badestellen an. Eine Weidenallee leitet die Tour schließlich zu einem asphaltierten Radweg, wo sie nach rechts schwenkt („Groß Stresow") und bald den Strand am **Muglitzer Ort 04** erreicht. Nächstes Etappenziel ist nun das pittoreske Dorf **Groß Stresow 05**, wo am einladenden Strand Haases Eishütte Erfrischungen anbietet.

In der Ortsmitte schwenken wir beim Briefkasten schließlich links auf ein unmarkiertes Sträßchen ein. Bald nach einer aussichtsreichen Anhöhe gelangen wir zu einer stärker befahrenen Landstraße, gehen hier vorsichtig 70 m nach rechts und folgen nun der verkehrsarmen Straße nach Nistelitz. In dem winzigen Ort hält sich die Wanderung links und erreicht gleich den **Bahnhof Seelvitz 06** der Rügenschen BäderBahn. Mit dem Rasenden Roland gelangt man von hier schnaufend und zischend zurück nach **Lauterbach 01**.

Küstenwald beim Badehaus Goor.

Rastplatz an der Boddenküste.

Schellhorn

.61

Bakenberg

45
Teufelsstein

06

37

Seelvitz

Nistel

Garvitzberg
19

TZ

10 **POSEWALD**

Rasender
Roland

Beuchow 90

Deutsche Alleenstraße

88 St. Maria
Magdalena

LONVITZ

VILMNITZ

Nadelitz

Steenbarg

Groß
Stresow **05**

39 Schlachtfeld
1715

.18

ninsel
s-Kopf-

FREETZ

37

oland
ch nur
tober)

01

LAUTERBACH Traubeneiche
Hotel Badehaus Goor

91 Schirmeiche

Kollhof

Goor

02

87

37

NSG

03

Wobbanz

12
Muglitz

04

Hundestrand

Pappel

Muglitzer Ort

St

37

NEUENDORF

B i o s p h ä r e n

0   450 m

143

PUTBUS – NEUKAMP

Vom Neuendorfer Strand zum Wreechener See

 10,7 km 2:45 h 105 hm 105 hm 737

START | Wir starten an der Touristinfo Putbus, Alleestraße 2 in 18581 Putbus.
[GPS: UTM Zone 33 x: 400.774 m y: 6.023.940 m]
CHARAKTER | Auf Rad-, Feld und Waldwegen erkunden wir das Gebiet zwischen Putbus und dem Wreechener See.

Die schöne Tour verbindet die Weiße Stadt Putbus mit dem pittoresken Küstenort Neuendorf. Am hiesigen Strand findet man Abkühlung in den Wellen des Rügischen Boddens und hat einen schönen Blick auf die Insel Vilm. Entlang des Hochufers wird schließlich der Wreechener See erreicht.

▶ Die Wanderung beginnt unweit der Touristinformation in **Putbus 01**. Wir starten auf der gegenüberliegenden Straßenseite, gehen hier wenige Schritte in Richtung des berühmten Put-

buser Circus – dem „Herzstück" der klassizistischen Stadtanlage durch Fürst Wilhelm Malte I. – und biegen gleich auf der Kastanienallee entsprechend der Destination „Wreecher See/Neuendorf" in den Schlosspark ein. Die Route passiert den Marstall und schwenkt beim Puppen- und Spielzeugmuseum am Weiser links auf den Wreechener Weg in Richtung „Neuendorf" ein. Am Neuendorfer Weg hält sich die Tour rechts und verläuft bald durch eine schöne Baumallee hinab ins pittoreske **Neuendorf 02**. Bis zum Bau der Landungsbrücke im benachbarten Lauterbach im

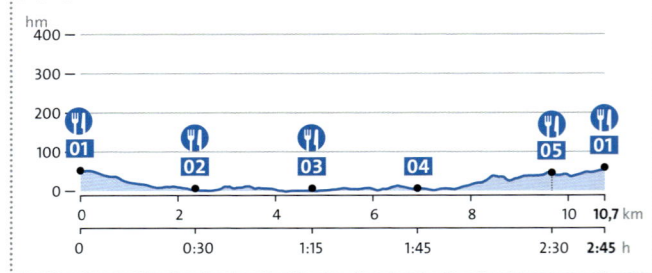

01 Putbus, 42 m; 02 Neuendorf, 1 m; 03 Neukamp, 0 m;
04 Aussichtspunkt, 3 m; 05 Wildgehege, 35 m;

Blick von Neuendorf zur Insel Vilm.

Jahre 1834 wurde das Fischerdorf als Putbuser Hafen genutzt. Wir orientieren uns zum einladenden Badestrand am Rügischen Bodden hin. Beeindruckend ist hier der Blick auf die nahe Insel Vilm. Das 2,7 km lange Eiland gehört zur Kernzone des Biosphärenreservates Südost-Rügen und darf nur im Rahmen geführter Touren betre-

ten werden. Auf dem Küstenweg wandern wir nun nach rechts in Richtung „Wreecher See". Wir bleiben zunächst auf dem Hauptweg, können aber hinter der blau-weißen Schranke die Pfadvariante am Steilufer entlang (Vorsicht!) wählen. Zurück auf dem bequemen Küstenweg passiert die Route bald einen Parkplatz und gelangt

Eine Baumallee leitet nach Neuendorf.

Der Wreechener See

Der mit einer maximalen Tiefe von 1,50 m recht flache Wreechener See wurde erst 1990 im Rahmen der Gründung des Biosphären- reservates Südost-Rügen als Naturschutzgebiet ausgewiesen. Der See ist ein Nebengewässer des Rügischen Boddens, das sich als ehemalige Bucht erst durch Küstenausgleichs- und Verlandungs- prozesse vom Bodden abgetrennt hat. Der breite Schilfgürtel bie- tet zahlreichen Vogelarten ein Refugium als Brut-, Rast und Über- winterungsgebiet.

Beim Wreecher See.

zu einer Asphaltstraße. Hier halten wir uns links, überbrücken gleich die einzige Verbindung des Wree- chener Sees mit dem Bodden und erreichen in **Neukamp 03** das Res- taurant Nautilus. Noch vor diesem schwenkt die Wanderung rechts ins Sträßchen Neukamp 18-31d ein und gelangt nach ca. einem Kilo- meter zu einer Betonstraßenkreu- zung.

Hier biegen wir rechts in Richtung „Krakvitz" ein. Am Weiser nach 300 m folgen wir dann einem Fahrweg nach halbrechts („Put-

bus/Wreecher See (Westseite)". Von der Anhöhe bietet sich ein **schöner Blick 04** auf den nahen See, an der beschilderten Kreu- zung wenig später geht es gera- deaus („Putbus") weiter. Achtung: 500 m nach der Kreuzung biegt die Tour mitten im dichten Wald am grünen Wanderpfeil rechts auf einen Pfad ein. Die Beschilderung leitet uns nun zuverlässig – vorbei an der schön gelegenen Gaststät- te Jägerhütte und am **Wildge- hege 05** – zum Putbuser Schloss- park mit der Schlosskirche und zurück zur **Touristinformation 01**.

Felder am Wege.

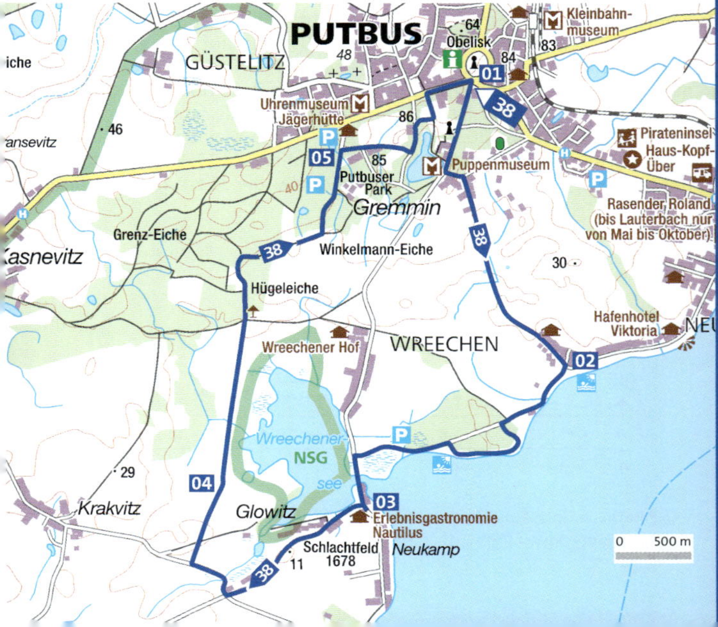

Map labels

PUTBUS

GÜSTELITZ

iche

ansevitz · 46

Uhrenmuseum
Jägerhütte

05

Putbuser
Park

Gremmin

Grenz-Eiche

asnevitz

Hügeleiche

Winkelmann-Eiche

Wreechener Hof

WREECHEN

30 ·

Hafenhotel
Viktoria

NEU

Wreechener
NSG
see

29

04

Krakvitz

Glowitz

38

11

Schlachtfeld
1678

03

Erlebnisgastronomie
Nautilus

Neukamp

64
Obelisk

84

01

38

86

85

Puppenmuseum

38

02

Kleinbahn-
museum

83

Pirateninsel
Haus-Kopf-
Über

Rasender Roland
(bis Lauterbach nur
von Mai bis Oktober)

0   500 m

GARZ – PUTBUS

Auf den Spuren der Rügenschen Kleinbahn

 11,8 km 3:00 h 95 hm 60 hm 737

START | Wir starten an der Bushaltestelle Garz Stadtmitte in der Lindenstraße in 18574 Garz.
[GPS: UTM Zone 33 x: 392.790 m   y: 6.020.101 m]
CHARAKTER | Einfache Wanderung, die zumeist auf dem Bahndamm einer stillgelegten Kleinbahn durch Wiesen, Felder und Wälder verläuft.

Vom Landstädtchen Garz aus wandern wir auf dem Bahndamm einer 1967 stillgelegten Kleinbahn durch Wälder, Wiesen und Felder bis nach Putbus. Die Weiße Stadt – als einstige Residenzstadt ein Kleinod klassizistischer Baukunst – kann mit zahlreichen Sehenswürdigkeiten aufwarten. Viel Zeit sollte vor allem auch für die Erkundung des ausgedehnten Schlossparks eingeplant werden. Garz ist die älteste und mit ca. 2.300 Einwohnern zugleich die kleinste Stadt der Insel Rügen.

▶ Vom **Rathaus** **01** nahe der Bushaltestelle Garz Stadtmitte leitet uns zunächst die Lindenstraße, später die Bergener Straße in Richtung „Bergen/Sehlen". 100 m vor dem Ortsausgangsschild schwenkt die Route auf den Radweg in Richtung „Putbus" halbrechts ein. Der schmale Pfad verläuft nun auf dem Damm der ehemaligen Rügenschen Kleinbahn. Bis Dezember 1967 verband sie Putbus mit Altefähr am Strelasund. Die Kleinbahn hatte eine Spurweite von 750 mm. Bereits 1896 war die 35 km lange Strecke

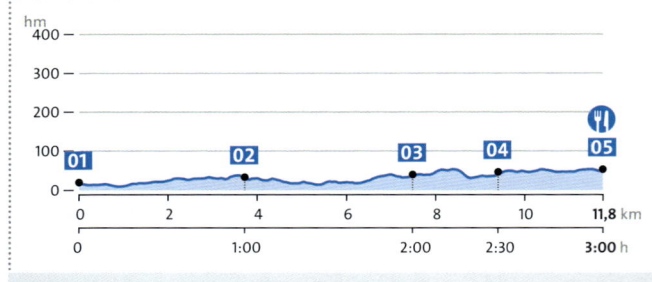

01 Rathaus Garz, 1 m; **02** Golfplatz, 10 m; **03** Ketelshagen, 35 m; **04** Güstelitz, 40 m; **05** Putbus, 48 m;

Die Orangerie im Schlosspark zu Putbus.

in Betrieb genommen worden. Wir verlassen Garz, behalten die Radwegbeschilderung im Auge, kommen gleich an der kaum wahrnehmbaren Kuppe des Kanonenberges (34 m) vorüber und passieren schließlich den Karnitzer **Golfplatz** 02. An der Kreuzung wenig später wandern wir geradeaus in Richtung „Sehlen/Bergen" weiter (**nicht** rechts nach „Putbus").

Abwechslungsreich begleiten Wälder, Felder und Lichtungen unsere Tour. Am nächsten Weiser wird uns die Destination „Ketelsha-

gen/Putbus" vorgegeben – entsprechend gehen wir geradeaus weiter. Bald passiert die Route ein verfallenes Betriebsgelände. Einst produzierte hier die Fürstliche Ziegelei hellgraue Backsteine. Später firmierte der Betrieb unter der Bezeichnung VEB Ziegelwerk Ketelshagen. Anfang der 1990er Jahre wurde die Produktion schließlich eingestellt.

Unmittelbar am Ortseingangsschild von **Ketelshagen** 03 biegt die Wanderung rechts auf einen Waldweg in Richtung „Güstelitz/Putbus" ein. Auf diesem gelan-

Wilhelm Malte I. – Fürst und Bauherr

Putbus entstand zu Beginn des 19. Jahrhunderts durch den fürstlichen Bauherren Wilhelm Malte. Dieser ließ die Stadt 1815 rund um sein Schloss am Reißbrett planen. Die jüngste Residenz Deutschlands wurde so als Kleinod klassizistischer Baukunst mit einem Hauch von italienischem Flair erschaffen. Wilhelm Malte hatte als Stadtplaner auch Sinn fürs Detail: So ordnete er an, dass jeder Bewohner vor seinem Haus Rosenstöcke zu pflanzen habe. Die Tradition wird noch heute beibehalten. Wunderbar flanieren lässt es sich im Schlosspark mit Orangerie, Marstall, Wildgehege, mehreren Teichen und überraschenden Blickachsen.

Rapsfelder bis zum Horizont.

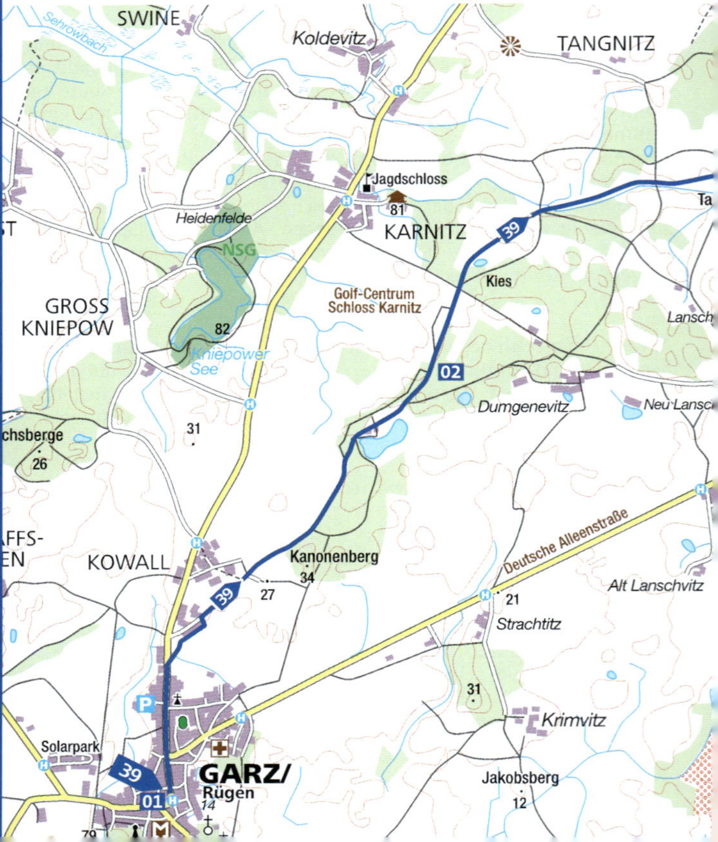

SWINE
Schrowbach
Koldevitz
TANGNITZ

Jagdschloss
81
KARNITZ
Heidenfelde
39
Kies
Ta

NSG
Golf-Centrum
Schloss Karnitz
Lansch

GROSS
KNIEPOW
82
Kniepower
See
02
Dumgenevitz
Neu Lansc

chsberge
31
26

AFFS-
EN
KOWALL
Kanonenberg
34
Alt Lanschvitz
Deutsche Alleenstraße
39
27
21
Strachtitz

P
31
Krimvitz
Solarpark
39
Jakobsberg
12
GARZ/
01
Rügen
14

gen wir nach **Güstelitz** `04`, wo die Tour ein Stück neben der Straße verläuft. Durch weite Felder wird endlich der Stadtrand von Putbus erreicht. Hier ignorieren wir eine erste Abzweigung zum „Schloss-park" und wandern geradewegs weiter. Erst beim nächsten Weiser schwenkt die Route dann rechts ein und lässt sich von der August-Bebel-Straße zum **Markt** `05` der Weißen Stadt führen. Jenseits der Durchgangsstraße lockt der traumhaft schöne Schlosspark, der zur Erkundung und zum Verweilen einlädt.

Nahe Garz.

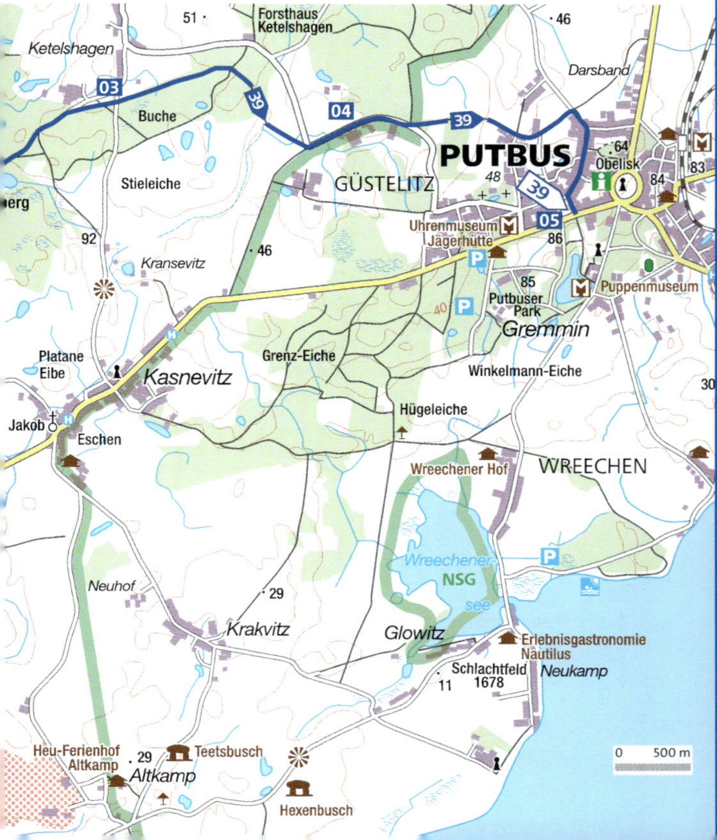

0   500 m

Map labels:

51 · Forsthaus Ketelshagen · 46 · Ketelshagen · Darsband · 03 · Buche · 39 · 04 · 39 · **PUTBUS** · ·64 Obelisk · 83 · Stieleiche · GÜSTELITZ · 48 · 39 · 84 · erg · 92 · 46 · Kransevitz · Uhrenmuseum Jägerhütte · 05 · 86 · 85 Putbuser Park · Puppenmuseum · *Gremmin* · Platane Eibe · Grenz-Eiche · Winkelmann-Eiche · 30 · *Kasnevitz* · 40 · Jakob · Eschen · Hügeleiche · WREECHEN · Wreechener Hof · Wreechener NSG see · Neuhof · 29 · *Krakvitz* · *Glowitz* · Erlebnisgastronomie Nautilus · Schlachtfeld 1678 · *Neukamp* · 11 · Heu-Ferienhof Altkamp · 29 · Teetsbusch · *Altkamp* · Hexenbusch

DUMSEVITZ – ALTKAMP

Hexenbusch, Rügischer Bodden und Landschaftspark Gut Rosengarten

 15,3 km 4:00 h 80 hm 80 hm ⬛737

START | Wir starten an der Bushaltestelle Dumsevitz in 18574 Dumsevitz.
[GPS: UTM Zone 33 x: 394.490 m y: 6.017.410 m]
CHARAKTER | Feld-, Wiesen- und Wirtschaftswege führen uns von Dumsevitz zum Rügischen Bodden. Aussichtsreich erwandern wir den Hexenbusch und den Landschaftspark Rosengarten.

Weit schweift der Blick über den Rügischen Bodden bis zur Halbinsel Mönchgut und der unter strengem Naturschutz stehenden Insel Vilm. Mit Glück entdecken wir im Hexenbusch ein uraltes Hünengrab, bevor wir uns an die Erkundung des Landschaftsparks beim Gut Rosengarten machen.

▶ In **Dumsevitz 01** verbrachte Ernst Moritz Arndt einst seine Jugendjahre. Von der hiesigen Bushaltestelle leitet uns die Radwegbeschilderung in Richtung „Silmenitz". Auf einer schmalen Asphaltstraße verlassen wir den Ort und wandern 600 m nach dem Ortsausgangsschild in einer markanten Rechtskurve halblinks auf einem unmarkierten Feldweg weiter. Dieser bringt uns bald zur kleinen **Anlegestelle 02** an der Boddenküste. Die Route verläuft auf dem schmaler werdenden Feldweg weiter, der nun wieder landeinwärts schwingt. Nach einiger Zeit fällt linker Hand ein Stein-

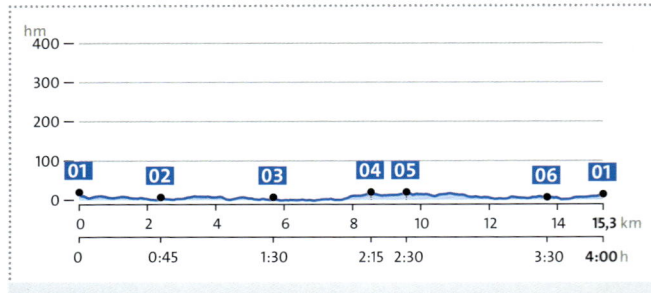

01 Dumsevitz, 0 m; 02 Anlegestelle, 0 m; 03 Rügischer Bodden, 0 m;
04 Hexenbusch, 8 m; 05 Sitzgruppe, 8 m; 06 Park, 0 m;

Bei Dumsevitz.

bruchsee auf – ein bergbauliches Relikt alter Kreidebrüche. 500 m nach dem Gewässer schwenkt die Tour inmitten weiter Felder rechts auf einen Weg neben einer Baumzeile ein.

Nach einem weiteren Kilometer stößt die Wanderung schließlich auf eine beschilderte Kreuzung, wo sie unmarkiert rechts – zum Bodden hin – einbiegt. Leichtwelliges Gelände bringt uns nun zur Küste des **Rügischen Boddens 03**, über den der Blick bis zur Halbinsel Mönchgut und der Insel Vilm schweift. Bei einer Rast an einer der Badestellen lässt sich das Panorama am besten genießen. Die Route verläuft nun auf dem

Saftige Wiesen schließen sich direkt an die Küste an.

Feldwege führen um die alten Kreidebrüche.

Wirtschaftsweg parallel zum Küstensaum des Rügischen Boddens, der wiederum als Teil des Greifswalder Boddens gilt. Schließlich weist ein Schild auf den Eintritt ins Biosphärenreservat Südost-Rügen hin. Der Weg verjüngt sich zum schmalen Pfad und erreicht nach einer Schranke einen Parkplatz. Hier lädt der Sandstrand nochmals zum Verweilen ein, dann wendet sich unsere Wanderung landeinwärts hin zum Heu-Ferienhof Altkamp mit seinem leuchtend roten Dach.

Am Betonplattenweg etwas oberhalb des Hofes hält sich die Tour später links. Zunächst unternehmen wir jedoch den Kurzabstecher nach rechts. Nach knapp 200 m fällt auf dem Feld rechter Hand eine kreisrunde Gehölzgruppe auf – der **Hexenbusch** 04, in dem sich ein Hünengrab versteckt. Die Steine der Dolmenanlage sind allerdings größtenteils eingesunken oder abgekippt. Ist das Feld nicht bestellt, lässt sich die Steinsetzung auf einem Pfad erreichen.

Wir wandern nun auf dem Betonweg vorbei am Abzweig zum Heu-Ferienhof sowie an einer überdachten **Sitzgruppe** 05 mit grandiosem Blick über den Rügischen Bodden. Geradewegs geht es auch am Pferdehof Altkamp vorüber. An der beschilderten Gabelung 300 m weiter wählen wir die unmarkierte linke Variante. Das leichte Auf und Ab des rechts sandigen Weges führt uns schließlich zum bereits bekannten Weiser, wo die Route rechts („Rosengarten 1,8 km") einschwenkt.

Beim Gut Rosengarten hält sich die Tour beim Teich im schön angelegten **Landschaftspark** 06 links, verläuft dann links am Gutshaus vorbei und verlässt so die Ansiedlung. Zuvor sollte man allerdings nicht versäumen, das idyllische Parkgelände zu erkunden. Erst 100 m nach dem Ortsausgangsschild folgen wir der Linkskurve unseres Weges über eine Brücke und gelangen bald wieder zur Bushaltestelle in **Dumsevitz** 01.

Gut Rosengarten

Das Gut Rosengarten kann auf eine lange Geschichte zurückblicken, wurde es doch bereits im Jahre 1318 erstmals urkundlich erwähnt. In den folgenden Jahrhunderten wechselten die Besitzer – zu denen mehrere Stralsunder Bürgermeister und auch das berühmte Kloster Eldena gehörten – häufig. 1903 bringen dann geologische Bohrungen die Hertha-Quelle zu Tage, die noch heute sprudelt. Zum Gut gehört auch der denkmalgeschützte Landschaftspark mit seinem alten Baumbestand und den im Frühsommer prachtvoll blühenden Rhododendrenbüschen.

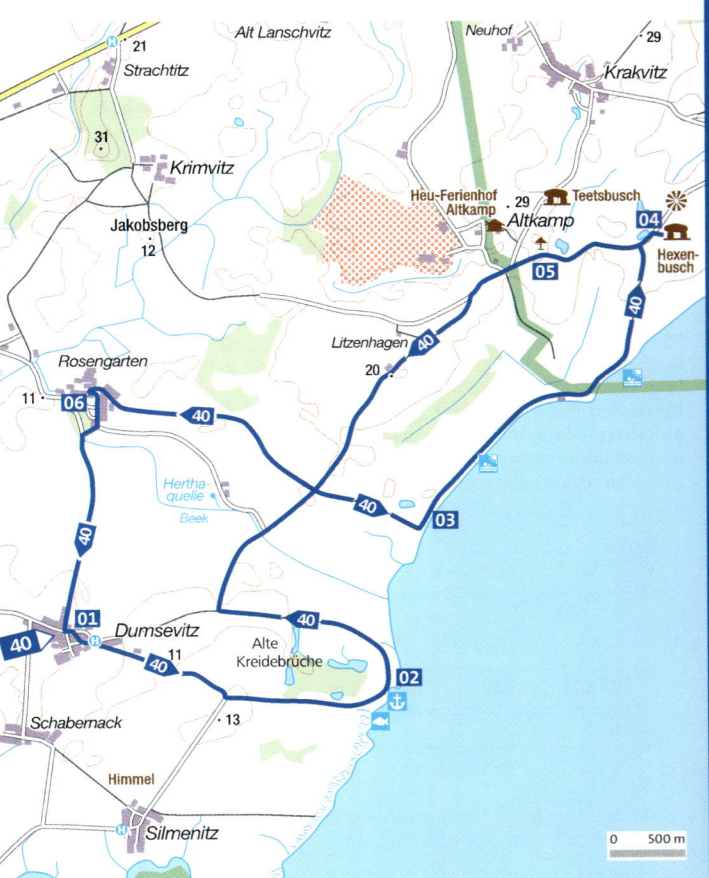

ZICKER – GRABOW

Vorbei am Gelben Ufer zum südlichsten Punkt Rügens

 13,1 km 3:30 h 55 hm 55 hm 737

START | Wir starten an der Bushaltestelle Zicker in 18574 Zicker.
[GPS: UTM Zone 33 x: 394.997 m   y: 6.012.687 m]
CHARAKTER | Feldwege und Waldpfade sowie ein längeres Stück entlang des Küstensaums des Greifswalder Boddens führen uns aussichtsreich zum Palmer Ort.

Schon nach wenigen Schritten belohnt uns ein Aussichtsturm mit einem Panoramablick über die Schortitzer Wiek, bevor wir auf einem Pfad ins gleichnamige Naturschutzgebiet eintauchen. Entlang des Greifswalder Boddens gelangen wir dann zum Palmer Ort, dem südlichsten Punkt der Insel Rügen.

▶ Die Wanderung beginnt an der Bushaltestelle von **Zicker 01** und folgt dem gepflasterten Sträßchen durch den Ort in Richtung „Campingplatz". Knapp 500 m nach den letzten Häusern sollte man sich den wunderbaren Blick vom

Vogelbeobachtungsturm **02** über das Naturschutzgebiet Schortitzer Wiek nicht entgehen lassen. Das flache, stark gegliederte Boddengewässer bietet Wasservögeln ein reiches Nahrungsangebot, so dass sich hier alljährlich zur Zugzeit zahlreiche Grau-, Bläss-, Nonnen- und Ringelgänse sowie verschiedene Enten- und Watvogelarten sammeln. Nach dem Beobachtungsstopp gelangt die Tour zum Waldrand, wo sie kurz vor der markanten Rechtskurve der Straße geradewegs auf einen Waldweg abzweigt. Wir wandern mitten durch das urwüchsige Naturschutzgebiet

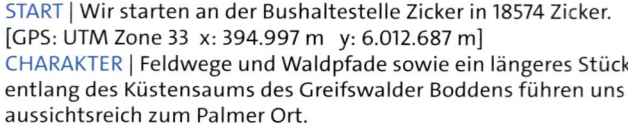

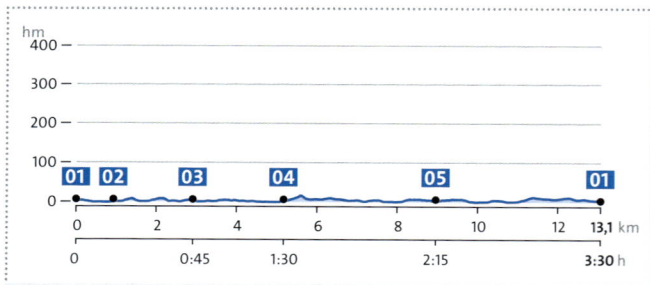

01 Zicker, 0 m; **02** Beobachtungsturm, 0 m; **03** Campingplatz, 3 m;
04 Gelbes Ufer, 0 m; **05** Palmer Ort, 0 m;

Blick vom Vogelbeobachtungsturm über die Schortitzer Wiek.

horitzer

N S G

Wiek

Ruschbrink

41

03

02

Pritzwald

Hundestrand

ow

41

ZICKER

01

Z u d a r

41

Teufelsberg
· 23

Schusterberg
· 25

Stein am
Gelben Ufer

Gelbes Ufer

04

17

POPPELVITZ

41

GRABOW

Palmer Ort

41

Strandwall mit
Feuersteinen

Hundestrand

05

Palmer Ort

0   500 m

Bei Grabow.

und erreichen – bald nur noch auf einem schmalen Pfad – den **Campingplatz 03** Pritzwald. Hier orientieren wir uns zum Küstensaum des Greifswalder Boddens hin und folgen diesem südwärts nach rechts. Der zunächst recht steinige Strand wird bald feinsandiger und verlockt zur Badepause. Schließlich stößt die Route auf ein Kiefernwäldchen, vor dem uns ein unscheinbarer Pfad landeinwärts führt. Zuvor lohnt allerdings noch der Blick voraus auf das **Gelbe Ufer 04** – ein etwa 17 m hohes Steilufer, das zu Füßen der Kiefern zum Meer hin abfällt. Von der gelb leuchtenden Landmarke bietet sich bei guter Sicht ein grandioses Panorama über den Greifswalder Bodden. Der Pfad leitet uns nun – bald als Feldweg – durch blühenden Raps oder wogendes Getreide zum kleinen Dorf Grabow, wo wir uns beschildert an einem Betonplattenweg in Richtung „Palmer Ort" orientieren. Beim Ortsausgangsschild hält sich die Tour links, erreicht den Parkplatz am Bodden und folgt dem Pfad parallel zum Strand bis zur grasigen Landzunge des **Palmer Ortes 05** – Rügens südlichstem Punkt.

Nach einer Rast kehren wir auf gleichem Wege nach Grabow zurück. Hier lassen wir uns nun von der Beschilderung „Zicker" leiten und wandern auf einem Fahrweg (beim Ortsausgangsschild **nicht** links nach Maltzien) zurück bis zum **Ausgangsort 01**.

Der Palmer Ort

Die Südspitze der Halbinsel Zudar ist zugleich die südlichste Landmarke der Insel Rügen. Als solche markiert sie auch den Übergang vom Greifswalder Bodden zum Strelasund. Im Winter kann es hier durch die vorherrschenden Strömungsverhältnisse zu mächtigen, mehrere Meter hohen Eisaufstauungen kommen. Auch für die Seefahrt galt das Gebiet um den Palmer Ort seit jeher als schwieriges Fahrwasser: So sank im Jahr 1372 bei stürmischen Wetter ein Schiff mit 90 Pilgern, die sich auf einer Reise zur Laurentiuskirche im nahen Zudar befanden.

GUSTOW – GUTSHOF KAJAHN

Zu Kemlade und Prosnitzer Schanze

 10,5 km 2:45 h 65 hm 65 hm 737

START | Wir starten an der Kirche in 18574 Gustow.
[GPS: UTM Zone 33 x: 383.690 m   y: 6.018.599 m]
CHARAKTER | Rad- und sandige Feldwege sowie kaum befahrene Straßen führen uns durch weite Felder zum Strelasund und zur Prosnitzer Schanze.

Schon der Friedhof zu Füßen der Gustower Kirche überrascht mit einer historischen Besonderheit. Weite Felder und kleine Gehölzgruppen begleiten uns dann vorbei am ehemaligen Gutshaus Kajahn zur Küste des Strelasundes, wo bei der uralten Prosnitzer Schanze eine erfrischende Badepause eingelegt werden kann.

▶ Die Wanderung beginnt an der **Gustower Kirche 01** aus dem 13. Jahrhundert. Im Inneren des Baus beeindrucken Wandmalereien, die in den Zeitraum um 1420 datiert wurden. Auf dem Friedhof fällt insbesondere ein mächtiger, 2,50 m hoher Sühnestein aus Granit auf, der an den 1510 ermordeten Pfarrer Thomas Norenberg erinnert. Der Sage nach wurde er wohl von einem betrunkenen Bauern erschlagen. Wir wenden dem Mordwangenstein den Rücken zu und folgen der Durchgangsstraße leicht bergab. Nach 300 m orientieren wir uns am Rad- und Wanderwegweiser nach links und lassen uns nun vom roten Strich in Richtung „Gutshaus Kajahn" leiten. Der etwas ansteigende Radweg führt schließlich an einigen aussichtsreichen Bänken

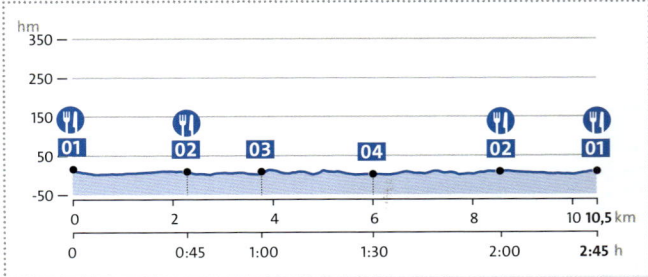

01 Kirche Gustow, 0 m; **02** Gutshaus, 0 m; **03** Kemlade, 3 m;
04 Prosnitzer Schanze, 0 m;

Am Kemlade-Ufer.

vorüber. Wenig später weist uns das Hinweisschild „Hotel Gutshaus Kajahn" nach rechts auf einen unbefestigten Feldweg. Bald ist das idyllisch gelegene und gastliche Anwesen – das ehemalige **Gutshaus** 02 Prosnitz vom Beginn des 19. Jahrhunderts – erreicht, das wir gegen Ende der Wanderung erneut passieren

In Reih und Glied – Weide beim Gutshaus Kajahn.

werden. Die Route orientiert sich nun zum Zufahrtssträßchen hin, folgt diesem nach links und hält sich bald an der beschilderten Verzweigung links (gelber Punkt Richtung „Prosnitzer Schanze"). Die schmale Straße geht in einen Feldweg über, der dicht an der **Kemlade** 03 – einer Nebenbucht des Strelasundes – entlangführt. Schwäne, Wasserrallen, Stock- und Reiherenten brüten hier im Schilfgürtel.

Wir bleiben nun stets auf dem teils recht sandigen Weg und gelangen schließlich bei einigen Häusern zu einem Teerweg. Später setzt sich unsere Tour hier nach rechts fort. Zunächst folgen wir jedoch dem hiesigen Weiser in Richtung „Prosnitzer Schanze" nach links. Die Route erreicht bald den Strelasund und wendet sich dort auf einem etwas undeutlichen Pfad ein kurzes Stück nach rechts. Gleich stößt

Die Prosnitzer Schanze

Die Prosnitzer Schanze – gelegen an der engsten Stelle des Strela-sundes – wurde 1628 in der Zeit des Dreißigjährigen Krieges durch kaiserliche Soldaten unter dem Feldherren Albrecht von Wallen-stein errichtet. Sie spielte bei dessen Belagerung von Stralsund eine bedeutende Rolle, gelangte im weiteren Verlauf der Ausein-andersetzungen aber in die Hände der Schweden. Auch während des Schwedisch-Brandenburgischen Krieges von 1678 kam es hier zu Gefechten. Letztmalig ausgebaut wurde sie dann in den Napo-leonischen Kriegen zu Beginn des 19. Jahrhunderts.

die Tour auf eine kleine Lichtung, die boddenseitig von kaum noch erkennbaren Erdwällen begrenzt wird – der **Prosnitzer Schanze** 04. Die einstige strategische Bedeu-tung dieser Stätte erschließt sich heute nicht mehr auf der ersten Blick. Auf jeden Fall bietet sich die Badestelle für eine längere Rast an. Wir kehren schließlich zum Weiser zurück und folgen nun dem Asphaltsträßchen. Erst nach einem knappen Kilometer halten wir uns am Richtungszeiger rechts (gelber Punkt Richtung „Guts-haus Kajahn"). Der Biergarten des **Gutshauses** 02 lädt zum Verwei-len ein, bevor wir auf bekanntem Wege zurück zur **Gustower Kir-che** 01 wandern.

ALTEFÄHR – POPPELVITZ

Entlang der Boddenküste zur Kapelle Zum Heiligen Kreuz

  14,6 km 3:45 h 35 hm 35 hm 737

START | Wir starten am Hafen von 18573 Altefähr.
[GPS: UTM Zone 33 x: 377.957 m y: 6.021.816 m]
CHARAKTER | Auf Pfaden und Radwegen – zwischen Bessin und Poppelvitz auch auf verkehrsarmen Sträßchen – erkunden wir die Boddenküste bei Altefähr und gelangen zur mittelalterlichen Kreuzkapelle in Bessin.

Gleich zu Beginn genießen wir den wunderbaren Blick auf die Skyline von Stralsund mit den drei großen Backsteinkirchen, den alten Speicherbauten am Hafen und dem modernen Ozeaneum jenseits des Strelasundes. Dann folgen wir der Boddenküste vorbei an etlichen Badestellen und gelangen schließlich zur mittelalterlichen Heilig-Kreuz-Kapelle von Bessin, wo es sich im Schatten einer Kastanie gut rasten lässt.

▶ Wir beginnen unsere Tour am kleinen **Hafen von Altefähr 01**

und orientieren uns dann zur erhöht liegenden Backsteinkirche St. Nikolai hin, die 1325 erstmals erwähnt wurde. Der Turmaufbau auf dem leuchtend roten Dach entstand um 1913. Die heute noch erhaltenen ältesten Teile des schönen Sakralbaus datieren allerdings aus dem 15. Jahrhundert. Im Inneren beeindrucken vor allem die Deckenausmalung im Chor, mittelalterliche Wandmalereien und einige Schiffsmodelle. Die Radwegbeschilderung leitet uns nun in Richtung „Bessin" in den Barnkevitzer Weg. Unmit-

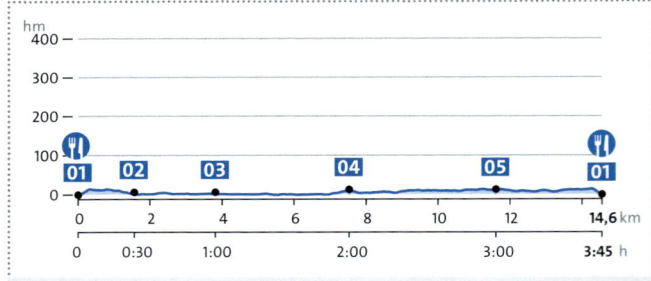

01 Hafen Altefähr, 0 m; **02** Badestelle, 0 m; **03** Rastplatz Sundblick, 0 m;
04 Bessin, 0 m; **05** Poppelvitz, 4 m;

Die Rügenbrücke

Vom Hafen Altefähr ist die 4.105 m lange Rügenbrücke gut zu sehen. Sie wurde 2007 nach dreijähriger Bauzeit eingeweiht. Für eine der längsten Brücken Deutschlands wurden mehr als 22.000 t Stahl und 180.000 t Beton verbaut. Die Pylone kommen auf die stattliche Höhe von 127,75 m. Das Bauwerk, dessen Errichtung 125 Millionen Euro kostete, wird heute von bis zu 30.000 Fahrzeugen täglich genutzt.

telbar beim Ortsausgangsschild hält sich die Route auf den Radweg nach links. Der befestigte Weg leitet an Feldraingehölzen entlang zur Boddenküste, wo die Wanderung rechts schwenkt. Wir passieren gleich eine erste sandige **Badestelle** 02 und kommen an zahlreichen Sitzgelegenheiten vorüber. Die Tour verläuft am Küstensaum und erreicht an einer Weggabelung den überdachten **Rastplatz Sundblick** 03. Wir bleiben zunächst noch am Ufer des Strelasunds, folgen dann aber – unweit eines Seezeichens

Blick über den Strelasund vom Hafen Altefähr.

— dem Rechtsschwenk unseres deutlichen Weges ins Landesinnere. Gleich wird inmitten aussichtsreicher Felder eine beschilderte T-Kreuzung erreicht. Hier orientieren wir uns nach rechts („Bessin, Zum Heiligen Kreuz"). Im winzigen **Bessin** 04 führt die Route an der beeindruckenden Kapelle Zum Heiligen Kreuz — einem spätgotischen oktogonalen Backsteinbau — vorüber. 1482 wurde sie vom Stralsunder Bürgermeister Matthias Darne für die Bewohner des damals 10 Höfe zählenden Dorfes gestiftet. Bänke im Schatten einer Kastanie laden hier zur Rast ein. Der kurvige Hauptweg bringt uns aus der Siedlung heraus. Der Fahrweg führt nun durch weite Felder, die blühender Raps im Frühjahr leuchtend gelb färbt. An einer weiteren T-Kreuzung schwenkt die Wanderung nach rechts. Auch an der B 96 geht es rechter Hand auf dem Radweg neben der stark befahrenen Straße weiter. Bereits nach 500 m schwenken wir rechts auf das kleine Sträßchen in Richtung „Poppelvitz" ein. Gleich nach dem **Ort** 05 geht es in einen befestigten Weg über, der nun zwischen einigen Windkraftanlagen verläuft. An der Wegkreuzung hinter diesen orientiert sich die Wanderung links und verläuft jetzt auf das bereits sichtbare **Altefähr** 01 zu, wo man am Hafen die Tour ausklingen lassen kann.

Am Ortsrand von Poppelvitz.

GINGST – DRESCHVITZ

Zur Kultur- und Wegekirche Landow

 10,2 km 2:45 h 30 hm 30 hm 737

START | Wir starten am Markt in 18569 Gingst.
[GPS: UTM Zone 33 x: 387.145 m   y: 6.035.707 m]
CHARAKTER | Einfache Tour auf breiten Wegen ohne nennenswerte Höhenunterschiede.

Durch aussichtsreiche Getreidefelder wandern wir von Gingst bis in den winzigen Weiler Landow. Gleich am Wegesrand beginnt der Nationalpark Vorpommersche Boddenlandschaft und blitzt die Wasserfläche der Landower Wedde. Im Ort lohnt sich der Besuch der Kultur- und Wegekirche sehr, die an der Europäischen Route der Backsteingotik gelegen ist.

► Vom pittoresken **Gingster Markt 01** folgen wir der Karl-Marx-Straße in Richtung „Dreschvitz". Bereits nach 200 m schwenkt die Tour rechts auf die Ummanzer Chaussee ein. 200 m nach dem Ortsausgangsschild von Gingst lässt sich die Route von der Radwegbeschilderung „Unrow" nach links auf einen Feldweg leiten. Südwärts wandernd gelangen wir durch wogende Getreidefelder ins winzige **Unrow 02**. Die Route behält ihre Richtung bei und verlässt das Dorf auf einem Betonplattenweg in Richtung „Landow". Wir sind nun direkt an der Grenze des Nationalparks Vorpommersche Boddenlandschaft unterwegs. Kurz vor Landow rückt rechter Hand die blitzende Wasserfläche der Landauer Wedde ins Blickfeld. **Landow 03** selbst – idyllisch inmitten ausgedehnter Weiden gelegen

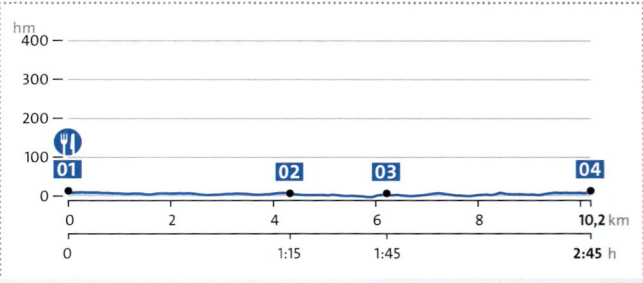

01 Gingst, 7 m; **02** Unrow, 0 m; **03** Landow, 0 m; **04** Dreschvitz, 0 m;

Die älteste Fachwerkkirche des südöstlichen Ostseeraums

Die Dorfkirche von Landow ist im frühen 14. Jahrhundert errichtet worden. Sie gilt als die vermutlich älteste Fachwerkkirche des gesamten südöstlichen Ostseeraums sowie Norddeutschlands. Das für die Fachwerkkonstruktion genutzte Eichenholz wurde – so das Ergebnis einer dendrochronologischen Untersuchung – um 1312 geschlagen. Erst im Jahre 1542 ummauerte man schließlich den Fachwerkbau – das heutige Erscheinungsbild im Stil der Backsteingotik entstand in dieser Zeit. Das außerordentlich beeindruckende Innere der Kirche erhielt im 18. Jahrhundert eine barocke Ausstattung. Heute bietet das Bauwerk wechselnden Ausstellungen einen Raum. Auch Konzerte der Festspiele Mecklenburg-Vorpommern gastieren hier regelmäßig.

Die Kultur- und Wegekirche Landow.

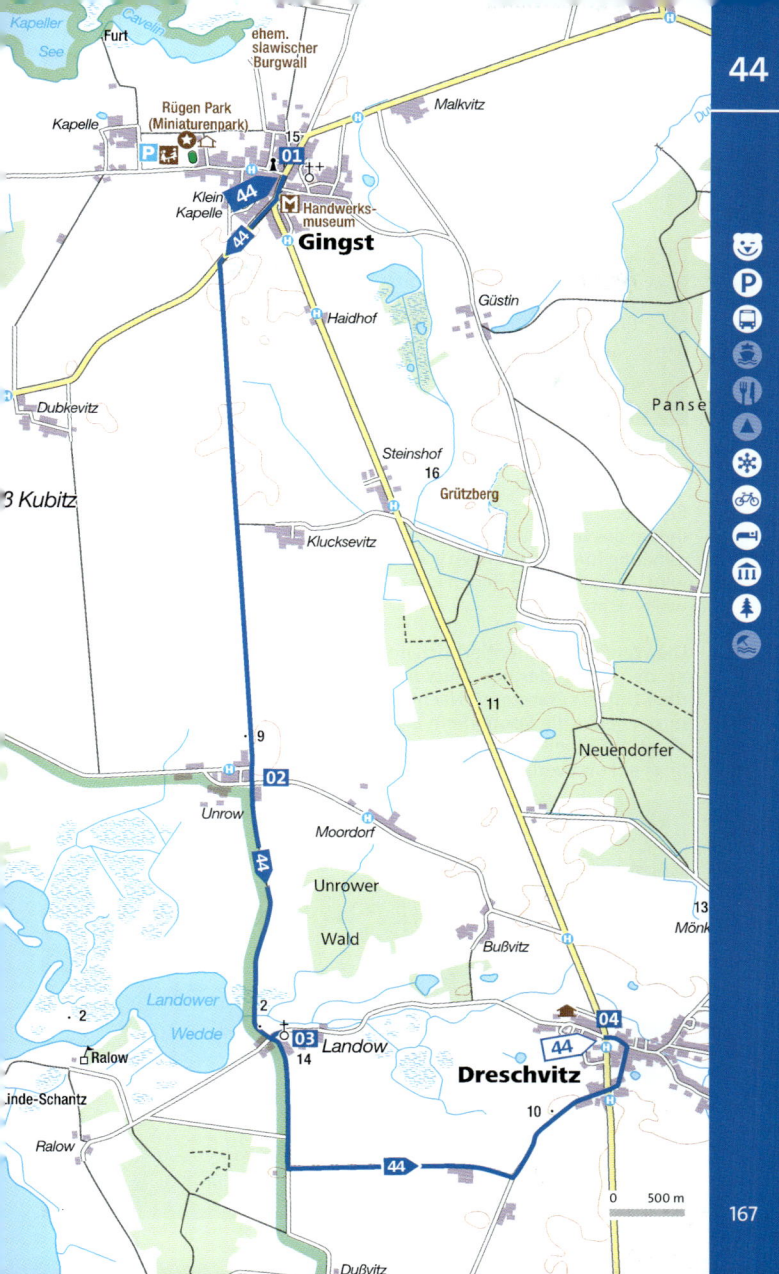

Blick zur Wasserfläche der Landauer Wedde.

– beeindruckt vor allem mit einer außergewöhnlichen Kirche. Ein Blick ins Innere des Bauwerks lohnt sehr, da es häufig für Ausstellungen genutzt wird. Auch Konzerte finden hier zuweilen statt.

Die Wanderung orientiert sich nun an der Beschilderung „Rügenhof über Dußvitz/Samtens". Nach 900 m schwenkt die Route dann allerdings auf einen Betonplattenweg links ein und verläuft durch Felder sowie an einer landwirtschaftlichen Anlage vorbei hin zu einer Straße. An dieser halten wir uns links und gelangen ins nahe Dreschvitz. Im Ort überqueren wir die Durchgangsstraße, nutzen den Feldweg gegenüber, halten uns später links und erreichen so die Bushaltestelle von **Dreschvitz** `04`. Der kleine Ort wurde 1314 durch einen Eintrag auf einer Besitzurkunde erstmals erwähnt. Heute hat er etwa 750 Einwohner.

Koppel bei Landow.

An der Udarser Wiek

  8,2 km 2:15 h 15 hm 15 hm 737

START | Wir starten am Hafen von 18569 Schaprode.
[GPS: UTM Zone 33 x: 381.090 m y: 6.042.181 m]
CHARAKTER | Auf Deich- und Wiesenwegen wandern wir durch das eindrucksvolle und einsame Naturidyll am Ufersaum der Udarser Wiek. Kaum Höhenunterschiede.

Die Tour führt uns auf einsamen Deichwegen durch die urwüchsige Natur am Ufer der Udarser Wiek. Von einer Vogelbeobachtungshütte bietet sich ein beeindruckender Blick über den Bodden, der ein Refugium zahlreicher Wasservögel ist. Insbesondere während des Vogelzuges im Herbst können auch auf den angrenzenden Feldern Kraniche und Graugänse beobachtet werden.

► Die Wanderung beginnt am **Schaproder Hafen 01** – in dem auch die Fähren zur nahen Insel Hiddensee ablegen – und verläuft von hier auf der schmalen Straße in Richtung „Streu". Am Ortsausgangsschild gehen wir geradeaus („Udarser Wiek/Beobachtungskanzel") weiter. In **Streu 02** folgt die Route dann der Durchgangsstraße, die bei den letzten Häusern des Weilers beschildert rechts einbiegt. Auf einem befestigten Weg gelangt die Tour – vorbei an einem Pferdehof – zur Wasserfläche der Udarser Wiek, einer 8 km² großen lagunenartigen Bucht. Hier setzt sie sich links entlang einer Eichenallee fort. Wir nutzen nun immer die ufernahe Wegvariante und schwenken deshalb bald weg vom

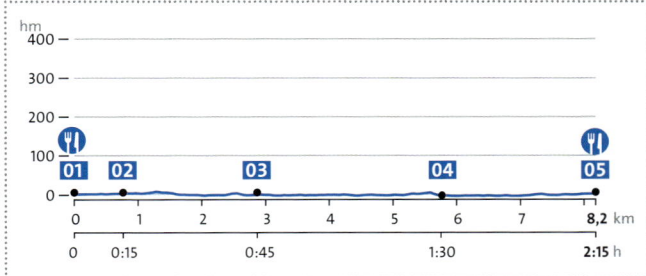

01 Schaprode, 0 m; **02** Streu, 0 m; **03** Beobachtungshütte, 0 m;
04 Schöpfwerk, 0 m; **05** Trent, 2 m;

Die Vogelbeobachtungshütte bei der Udarser Wiek bietet sich als wunderbarer Rastplatz an.

Feldrand. Am Schilfsaum entlang und vorbei an einem Unterstand wird eine traumhaft gelegene **Vogelbeobachtungshütte 03** an der Udarser Wiek erreicht.

Neben zahlreichen Enten- und Gänsearten lassen sich auch viele Greifvögel entdecken: Seeadler, Rotmilan und Bussard sind ganzjährig vertreten. Während der Zeit des Vogelzuges im Frühjahr und Herbst können hier vor allem in der Abenddämmerung auch zahlreiche Kraniche beobachtet werden.

Nach einer Rast an dem idyllischen Platz verläuft die Route weiterhin auf dem Deichweg und führt an einem weiteren Pausenplatz sowie am weißen Gebäude einer wasserwirtschaftlichen Anlage vorüber. Danach taucht die Tour in ein urwüchsiges Gehölz

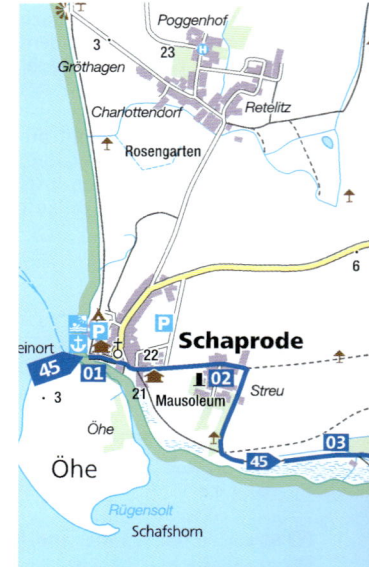

Erst durch Entwässerung werden die Felder in der Nähe des Boddens nutzbar.

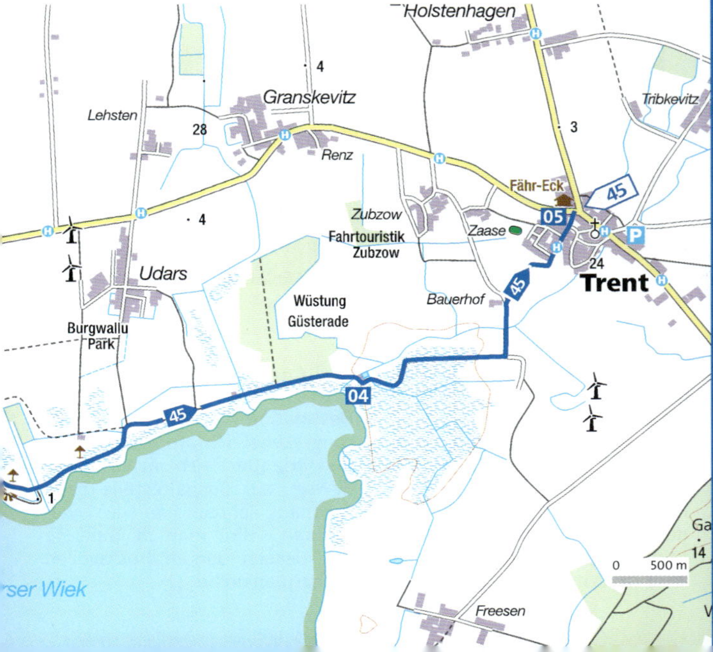

Holstenhagen

Tribkevitz

Granskevitz

4

Lehsten

28

3

Renz

Fähr-Eck

45

05

Zubzow

Zaase

Fahrtouristik
Zubzow

24

4

Trent

Udars

Wüstung
Güsterade

Bauerhof

45

Burgwall
Park

04

45

1

Ga

14

0   500 m

ser Wiek

Freesen

Die Katharinenkirche in Trent

Die St.-Katharinen-Kirche gilt als ein typisches Beispiel der Backsteingotik des 14. Jahrhunderts. Sie wurde 1318 erstmals aktenkundig, was sie zu einer der ältesten Kirchen auf Rügen macht. Noch einige Jahre weiter zurück datiert die Fertigung des alten granitenen Taufbeckens, das sich noch heute in der Kirche befindet. Mehrere Grabplatten im Chor und an den Wänden der Turmhalle lassen auf die enge Beziehung zur Patronatsfamilie von Platen schließen, die vielerorts auf der Insel eine wichtige Rolle spielte. Beeindruckend sind auch der barocke Schnitzaltar von 1752 sowie der Beichtstuhl aus gleicher Zeit.

Die beeindruckende Katharinenkirche in Trent.

ein. Achtung: 200 m nach diesem Laubwald schwenkt unser Deichweg nach rechts. Nach dieser Rechtskurve verlassen wir den Deich bei einem **Schöpfwerk** 04 sowie einem Teich. An dem kleinen Gewässer entlang folgen wir der Fahrspur durch die Wiesen und halten auf das bereits sichtbare Trent mit seinem markanten Kirchturm zu. Der Weg wird bald deutlicher. Entsprechend unserer Destination hält sich die Wanderung schließlich am Weiser links und orientiert sich im Ort geradewegs zur Bushaltestelle beim Gasthaus Fähreck hin. Nicht versäumen sollte man in **Trent** 05 den Besuch der eindrucksvollen Katharinenkirche.

SCHAPRODE – NEUHOLSTEIN

Schaproder Bodden und Rassower Strom

 13,3 km 3:30 h 25 hm 25 hm 737

START | Wir starten am Hafen von 18569 Schaprode.
[GPS: UTM Zone 33 x: 381.090 m y: 6.042.181 m]
CHARAKTER | Wiesenpfade und Feldwege leiten aussichtsreich am Schaproder Bodden und am Rassower Strom entlang.

Auf einem idyllischen Pfad erkunden wir den Uferbereich des Schaproder Boddens, wo einige schön gelegene Rastplätze zum Verweilen einladen. Feldwege führen dann am Rassower Strom entlang. Schließlich begleiten uns Weiden und Getreideflächen zurück nach Schaprode.

▶ Vom **Hafen** 01 – in dem auch die Fähren zur nahen Insel Hiddensee ablegen – folgen wir dem Verlauf der Durchgangsstraße um die sehenswerte Kirche St. Johannes herum und biegen wenig später bei Haus Nr. 26 links (Richtung „Campingplatz") auf einen Pflasterweg ein. Wir ignorieren die nahe Einfahrt zum Gelände der Wasserschutz-Polizei und biegen gleich (kurz vor freiem Feld) links auf das Gelände eines Campingplatzes ein. Pfade leiten uns die wenigen Meter hinab zum Boddenstrand. Nach einer Abkühlung wandern wir nach rechts und stoßen am Ende des Campingplatzgeländes auf einen Pfad, der nun immer direkt an der Küste verläuft. Die Route passiert bald eine aussichtsreiche Sitzgruppe. Später geht unser Pfad bei einem idyllisch gelegenen **Rastplatz** 02 in einen Fahrweg über, auf dem wir in Richtung

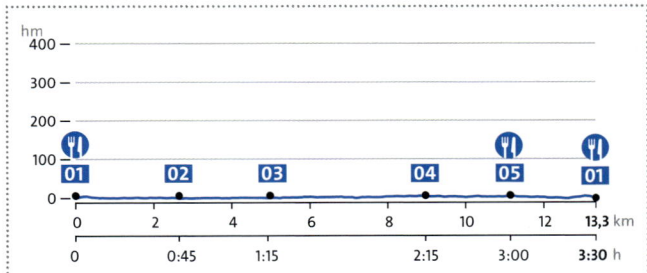

01 Schaprode, 0 m; 02 Rastplatz, 0 m; 03 Rassower Strom, 0 m;
04 Neuholstein, 0 m; 05 Poggenhof, 4 m;

Die Schaproder Johanneskirche

Kirche Schaprode.

Die Kirche St. Johannes zählt zu den ältesten und traditionsreichsten in Rügen. Erbaut wurde sie bereits am Beginn des 13. Jahrhunderts. Mehrfach suchten dänische Bischöfe hier aufgrund von Auseinandersetzungen mit der dänischen Krone um Asyl an. Das ursprünglich romanische Bauwerk erfuhr um 1450 eine Umgestaltung im Stil der Gotik. Aus dieser Zeit stammt auch die Triumphkreuzgruppe, die sich zwischen dem Kirchenschiff und dem Chor befindet. Von besonderem Interesse ist zudem der barocke Taufständer von 1723. Auf seinem glockenförmigen Fuß ist die Taufe Jesu als Relief dargestellt.

„Seehof/Rassower Bucht" wandern. Beim nächsten Weiser nahe eines einzeln stehenden Hauses orientiert sich die Tour scharf rechts („Vaschvitz"). Am Querweg nach ca. 1 km biegt die Wanderung links und erreicht gleich bei einer Sitzgruppe den **Rassower Strom** 03, der den Wieker Bodden im Westen mit dem Breetzer Bodden im Osten verbindet.

Wir folgen dem Uferweg hinter der Schranke nach rechts („Vaschvitz"). Vorbei an einem weiteren Pausenplatz gelangen wir schließlich zu einer rot-weißen Schranke, bei der es sich dank einer überdachten Sitzgruppe ebenfalls gut rasten lässt. Hier schwenkt die Route auf einen Fahrweg nach rechts landeinwärts ein. Weite Getrei-

defelder begleiten uns nun bis in den Weiler **Neuholstein** 04. Gleich hinter dem Gehöft Nr. 7 (ca. 200 m nach dem Ortseingangsschild) biegt die Wanderung rechts auf einen Feldweg ein. Die Tour mäandriert nun durch die aussichtsreiche Schaproder Flur, passiert einen idyllisch gelegenen Rastplatz und gelangt an den Dorfrand von **Poggenhof** 05.

Hier folgen wir nun dem Landsträßchen nach links hin zum bereits weithin sichtbaren Schaprode. 600 m nach dem Poggenhofer Ortsausgangsschild schwenkt die Wanderung allerdings rechts auf einen Feldweg ein. Wir erreichen Schaprode, folgen unserem Weg bis zur Durchgangsstraße und gelangen vorbei an der Kirche zum **Hafen** 01.

Wanderweg am Schaproder Bodden.

Rassower Bucht

Steinort 5
Seehof
Stolper Haken

46 03 P

8
· 6
Dwars

· 6

Poggenhof
3
23
02
Gröthagen
Charlottendorf 05 Retelitz
Rosengarten

46 04 Neuholstein

Lehsten

46

46

· 6

Steinort
46 01
· 3
22
21 Mausoleum Streu
Öhe

Schaprode

Burgwall
0   500 m

Hinauf zum Leuchtturm auf dem Bakenberg

 8,2 km 2:15 h 90 hm 90 hm 737

START | Wir starten am Hafen von 18565 Kloster/Hiddensee. [GPS: UTM Zone 33 x: 377.969 m y: 6.050.245 m]
CHARAKTER | Auf Wirtschafts- und Feldwegen erwandern wir uns zahlreiche Panoramapunkte im Norden der Insel Hiddensee. Der Anstieg zum Leuchtturm auf dem Bakenberg ist etwas steiler.

Die ausgesprochen aussichtsreiche Tour erkundet den Norden der Insel Hiddensee. Zunächst leitet uns die Route am Vitter Bodden entlang, bevor der Strand unweit des Dornbuschkliffs zur Erfrischung einlädt. „Höhepunkt" der Wanderung ist der Leuchtturm auf dem Bakenberg.

▶ Vom malerischen Hafen in **Kloster** 01 – das sich als Ort aus einer Klostergründung der Zisterzienser im 13. Jahrhundert entwickelte – folgen wir dem Sträßchen rechts des Hotels Hitthim leicht bergan. Nach 200 m schwenkt die Route an einer großen Kreuzung – Blickfang ist hier eine zentral platzierte rote Boje – rechts auf den Pflasterweg in Richtung „Grieben" ein. Wir überschreiten eine aussichtsreiche Kuppe und gelangen nach **Grieben** 02. Wir wandern durch den pittoresken Weiler und erreichen wenig später die Grenze des Nationalparks Vorpommersche Boddenlandschaft. Geradewegs führt uns der breite Weg in diesen hinein, womit wir uns zugleich die Landschaft des Hiddenseer Enddorns erschließen. Als Enddorn wird der östliche Teil des Dornbusch-Inselkerns im

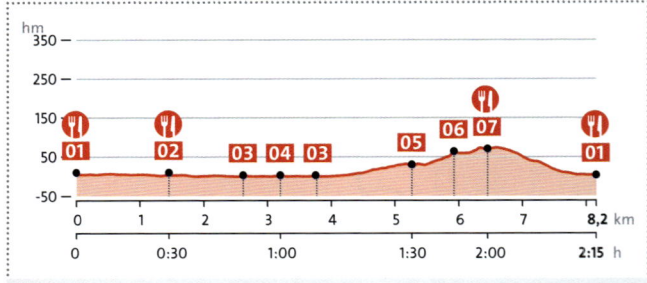

01 Kloster, 0 m; 02 Grieben, 0 m; 03 Alter Bessin, 0 m; 04 Kliff, 0 m;
05 Plateau, 22 m; 06 Leuchtturm, 73 m; 07 Gaststätte, 54 m;

Norden der Insel bezeichnet. Am nächsten Weiser ignorieren wir zunächst den zum Leuchtturm abzweigenden Feldweg und gehen in Richtung „Enddorn" weiter. Wenig später wird zudem der **Abzweig auf den Alten Bessin 03** passiert. (Hier beginnt der lohnende Abstecher zum Vogelbeobachtungsturm an der Südspitze des Alten Bessin – nicht nur für Ornithologen ein ausgesprochen lohnendes Unterfangen. Hin und zurück beträgt die Strecke allerdings 6 km.) Wir wandern weiter geradeaus und gelangen bald zum **Dornbuschkliff 04** am Enddorn, wo ein Strand die Möglichkeit zur Erfrischung bietet. Auf bekanntem Wege geht es dann ein Stück zurück bis zum Abzweig in Richtung „Leuchtturm". Ein Plattenweg bringt uns nun hinauf zum Leuchtzeichen, wo-

Steil fällt die Küste vom Plateau ab.

bei unterwegs der Abstecher zum nahen **Plateau 05** sehr lohnend ist – der Blick aufs tiefblaue Meer von hier aus ist überwältigend.

Strand am Enddorn.

Das letzte Stück des Anstieges auf den 73 m hohen Bakenberg ist etwas steiler, dafür ist das Panorama vom 27,5 m hohen **Leuchtturm** 06 um so beeindruckender: Weit schweift der Blick über einen großen Teil der Insel Hiddensee. Das Bauwerk stammt aus dem Jahre 1888. Sein Leuchtfeuer ist bis zu 45 km weit zu sehen. Auf einem befestigten Weg wandern wir schließlich bergab. An der deutlichen Gabelung am kurzen Gegenanstieg schwenkt die Route bei einem Gebäude rechts („Gaststätte Klausner"). 150 m weiter halten wir uns an der Kreuzung auf einer Kuppe links. Zuvor sollte man aber der beliebten **Ausflugsgaststätte** 07 Zum Klausner einen Besuch abstatten. Danach folgen wir dem befestigten Weg, orientieren uns an der Destination „Kloster Hafen", passieren noch einen spektakulären Panoramapunkt und erreichen schließlich die uns bereits bekannte Kreuzung in der Nähe des **Hafens** 01.

Das Dornbuschkliff

Das Steilufer am Dornbusch ist besonders stark von Sedimentabtragung durch die Brandungserosion betroffen. Jahr für Jahr weicht das Ufer um etwa 30 cm zurück. In den letzten 6.500 Jahren summierte sich der hiesige Landverlust auf circa 1,5 km. Das abgetragene Material lagert sich entsprechend der Meeresströmungen an den Sandhaken von Altem und Neuem Bessin sowie am Gellen wieder an, die so jährlich um einige Meter wachsen.

NEUENDORF – KLOSTER

Bodden, Meer und Dünenheide

  17,5 km  4:45 h 30 hm 30 hm 737

START | Wir starten am Hafen von 18565 Neuendorf/Hiddensee. [GPS: UTM Zone 33 x: 376.602 m   y: 6.043.526 m]

CHARAKTER | Die längere Tour führt zunächst auf einer Straße (Radverkehr!) und einem Deichweg nach Vitte und Kloster. Am Strand sowie auf den sehr sandigen Pfaden der Dünenheide wandern wir zurück nach Neuendorf.

....

Die schöne Tour verbindet die drei größeren Dörfer Hiddensees und macht uns mit der Vielfalt der landschaftlichen Reize der Insel vertraut. Wir wandern mit schönem Blick auf den Bodden durch artenreiche Salzwiesen, lernen aber auch den Ostseestrand von Kloster und die einsame Dünenheide kennen. In Kloster kommen wir an der Inselkirche sowie am Hauptmann-Museum vorüber.

▶ Vom Hafen in **Neuendorf** `01` folgen wir der Pflasterstraße durch den Ort und aus diesem heraus.

Nach einiger Zeit wird das Gasthaus **Heiderose** `02` passiert, das zu einer ersten Rast verlockt. Nur 300 m nach der Gaststätte schwenkt die Route rechts auf einen etwas verwachsenen Plattenweg ein. Am Boddenufer biegen wir dann links auf einen Wiesenpfad mit Blick auf die nahe, menschenleere und 37 ha große Fährinsel ein, die heute ein bedeutendes Brutgebiet zahlreicher Vogelarten ist. Der Pfad führt uns später an einem kleinen See vorbei und hin zu einem Deichweg. Auf diesem gehen wir geradewegs durch **Vitte** `03`, dem größten Ort

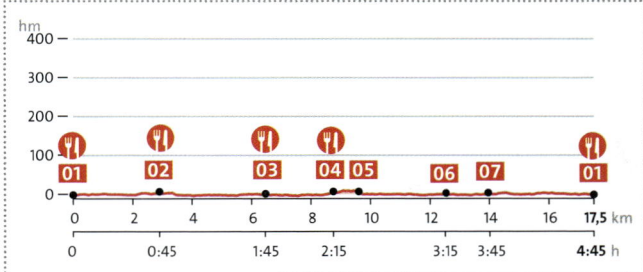

`01` Neuendorf, 0 m; `02` Heiderose, 0 m; `03` Vitte, 0 m; `04` Kloster, 0 m; `05` Strand, 3 m; `06` Vitte-Süd, 0 m; `07` Bank, 0 m;

Der pittoreske Hafen von Kloster.

auf der Insel. Der Name leitet sich vom Begriff „Vitten" her, womit im Mittelalter Heringsfang- und handelsplätze bezeichnet wurden. Nach dem Ortsausgang führt die Tour durch typische, vogelreiche Salzwiesen. Schöne Blicke auf den Vitter Bodden begleiten uns nun bis zum pittoresken Hafen von **Kloster** 04, das seinen Namen einer Zisterzienserklostergründung im 13. Jahrhundert verdankt. Hier orientieren wir uns zum stattlichen Hotel Hitthim hin und folgen dem Sträßchen rechts neben diesem leicht bergan. Nach 200 m

schwenkt die Route an einer großen Kreuzung – Blickfang ist hier eine zentral platzierte rote Boje – auf den Kirchweg nach links. In kurzer Folge kommen wir nun an der Inselkirche (Friedhof mit Gräbern von Gerhart Hauptmann und Gret Palucca), am Hauptmann-Haus sowie am Heimatmuseum vorüber. Bei letzterem nutzen wir den Zugang zum **Ostseestrand** 05. Die Tour führt an diesem entlang nach Süden und wechselt nach 600 m beim Aufgang „Kloster 03" auf den Dünenweg, der parallel zum Strand verläuft. Nach 1,3 km

Salzwiesen bei Kloster – ein Refugium zahlreicher Vögel.

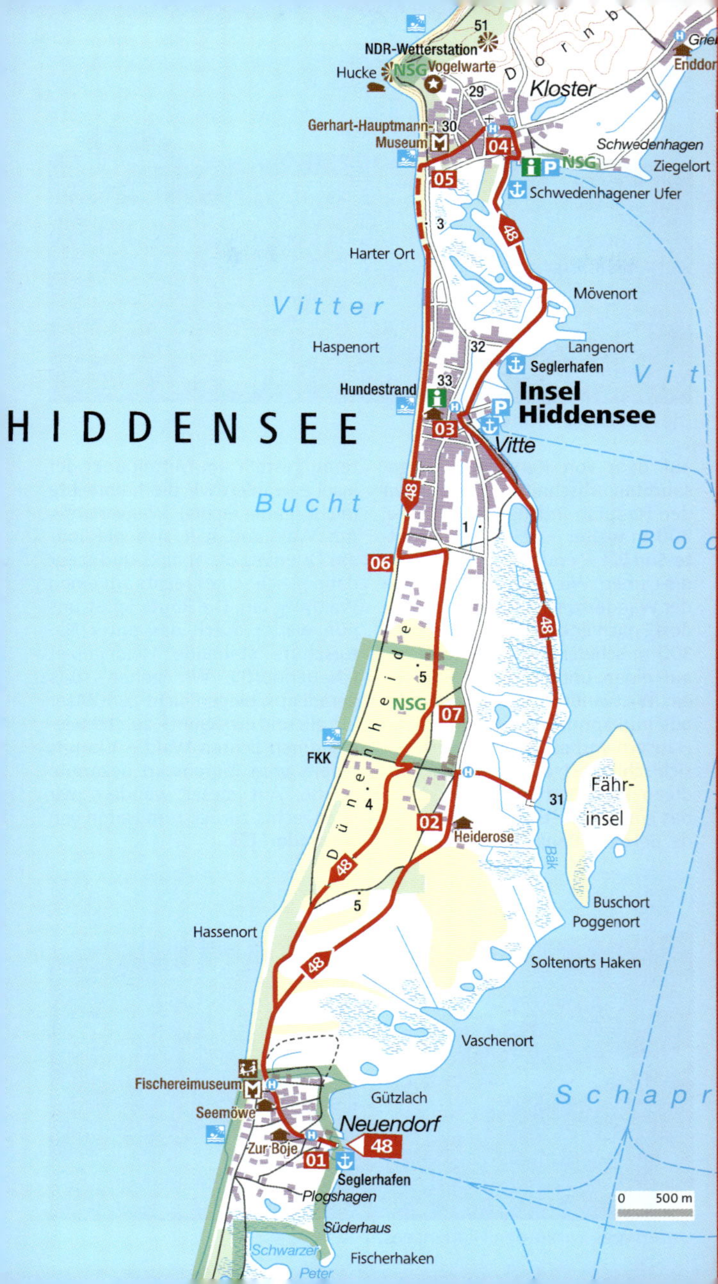

51

NDR-Wetterstation
Hucke **NSG** Vogelwarte
29
Kloster
Gerhart-Hauptmann- 30
Museum **04**
Schwedenhagen
Ziegelort
05 **NSG**
Schwedenhagener Ufer
3
48
Harter Ort
Mövenort

Vitter
Langenort
Haspenort
32 Seglerhafen *Vit*
Hundestrand 33 **Insel**
Hiddensee
03
Vitte
Bucht
1 *Bo*
48 **06**

Dünenheide
5
NSG
07
FKK
48
02
4 Heiderose
31 **Fähr-**
insel
5
Bäk
Hassenort
Buschort
Poggenort
48
Soltenorts Haken

Vaschenort

Schapr
Fischereimuseum
Seemöwe
Gützlach
Zur Böje **48**
01
Seglerhafen
Plogshagen
Süderhaus
Schwarzer
Fischerhaken
Peter

H I D D E N S E E

0   500 m

Die Hiddenseer Dünenheide.

auf dem von Kartoffelrosen gesäumten Abschnitt passieren wir den Hauptstrandzugang von Vitte. 800 m weiter – beim **Zugang Vitte-Süd** `06` – endet der Weg durch die Dünen. Wir lassen uns hier von der Wanderbeschilderung „Neuendorf" nach links leiten. Schon nach 300 m schwenkt die Route rechts auf einen unbefestigten Feldweg ein. Wir wandern nun stets geradeaus und kommen bald an einigen Häusern vorbei. Der Weg verjüngt sich schließlich zu einem sehr sandigen Pfad und führt nun durch das einsame Gebiet der Dünenheide. Bei einer **Bank** `07` – laut Plaket-

te aufgestellt am Mittelpunkt der Insel – wählen wir die halbrechte (nicht ganz rechts) Wegvariante. Am Waldrand hält sich die Tour am Querweg 50 m links und biegt dann gleich scharf rechts auf einen Waldweg ein. Die Route leitet uns nun weiter durch das unter Naturschutz stehende Heidegebiet („Neuendorf"). Wir gehen stets geradeaus, biegen nicht zum Meer hin ein und erreichen – zuletzt wieder durch lichten Wald – die uns bereits vom Tourenstart bekannte Straße. Auf dieser wandern wir nach rechts zurück zum Hafen von **Neuendorf** `01`.

Unterwegs im Norden Hiddensees.

SCHLÖSSCHEN SUNDISCHE WIESE – PRAMORT

Durch den „Wilden Osten" des Zingst

  18,8 km 5:00 h 25 hm 25 hm 736

START | Startpunkt ist das Hotel Schlösschen Sundische Wiese, Landstraße 32 in 18374 Zingst.
[GPS: UTM Zone 33 x: 357.343 m y: 6.033.933 m]
CHARAKTER | Der Rundkurs lässt sich am besten als kombinierte Rad-/Wandertour realisieren und verläuft auf asphaltierten Deichradwegen und Wiesenpfaden. Achtung: Zutrittsbeschränkungen im September und November! Infos unter: www.zingst.de.

Der Rundkurs sollte als kombinierte Rad-/Wandertour unternommen werden, da auf dem Deichweg durch die Sundischen Wiesen meist sehr viele Radler unterwegs sind. (Fahrradverleih Hall nahe des Hotels, vorherige Reservierung zu empfehlen) Aussichtsreich rollen wir auf einem Asphaltweg durch die weite Wiesenlandschaft, bevor wir uns vom ehemaligen Standort des Ellerhofes zu Fuß auf den Weg zur Hohen Düne und nach Pramort machen. Mit dem Rad geht es schließlich zurück zum Ausgangsort.

▶ Das **Hotel** 01 Schlösschen Sundische Wiese kann auf eine lange Vergangenheit als Jagd- und Herrenhaus zurückblicken. Vom Parkplatz fahren wir auf dem Sträßchen vorbei an der Nationalpark-Info zum Radweiser auf dem Deichweg. Dort orientieren wir uns in Richtung „Pramort" und radeln

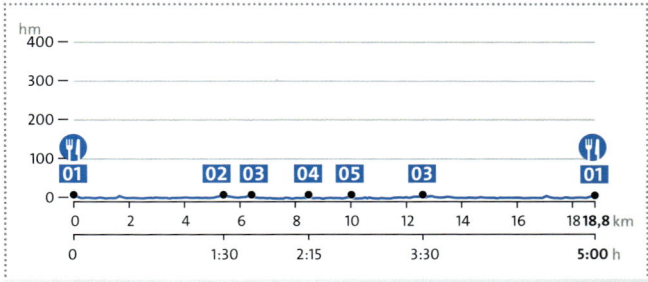

01 Hotel, 5 m; 02 Rastplatz, 0 m; 03 Ellerhof, 0 m; 04 Hohe Düne, 0 m;
05 Pramort, 0 m;

Viele Jahrhunderte gehörte die Sundische Wiese der namensgebenden Hansestadt Stralsund.

nun durch ein Herzstück des Nationalparks Vorpommersche Boddenlandschaft: den Sundischen Wiesen. Auf abgestorbenen Bäumen inmitten flacher Brackwasserflächen trocknen Kormorane ihr Gefieder, mit etwas Glück sind kreisende Seeadler zu entdecken. Faszinierend ist der Vielklang der Blautöne von Himmel, Meer und Binnensee. Wir passieren schließlich einen etwas abseits gelegenen **Rastplatz 02** rechter Hand. Wenig später verweist die Beschilderung

Die Sundische Wiese

Bereits um 1290 werden die weiten Flächen im Osten des Zingst erstmals als Besitz der Stadt Stralsund erwähnt, woran auch der Name Sundische Wiese erinnert. Die Hansestädter ließen allsommerlich ihre Rinder auf dem Grünland weiden, welche zu diesem Zweck auf Prahmen – Booten mit abgeflachtem Kiel – eigens vom Festland nach Pramort übergesetzt wurden. Später siedelten sich hier Bauern an, die auf den wenig ertragreichen Böden mehr schlecht als recht ihr Auskommen fanden. Die Höfe mussten spätestens im Jahre 1937 aufgegeben werden, als das Gebiet als Bombenabwurfsgelände der Luftwaffe missbraucht wurde. Während der DDR-Zeit betrieb man hier wiederum eine außerordentlich intensive Viehwirtschaft. Seit 1990 genießt die Sundische Wiese nun den Schutzstatus des Nationalparks Vorpommersche Boddenlandschaft und wurde umfassend renaturiert.

auf einen Rundwanderweg, den wir nun per pedes unternehmen: Vom Standort des einstigen **Ellerhofs 03** – ein Bauerngehöft das der militärischen Nutzung der Sundischen Wiese ab den 1930er Jahren zum Opfer fiel – verläuft ein Bohlenweg vorbei an Aussichtspunkten bis zur **Hohen Düne 04**. Mit 13 m ist sie die höchste im Nationalpark Vorpommersche Boddenlandschaft. Der Blick von der Plattform reicht über das Windwatt und die Ostsee bis zur Insel Hiddensee. Wir

Vogelbeobachtungshütte Pramort.

wandern schließlich wieder landeinwärts und gelangen auf einem alten Seedeich bis zur Wüstung des ehemaligen Dreschhofs, von dem sich ebenfalls nichts erhalten hat. Am asphaltierten Radweg setzen wir die Tour dann nach links in Richtung „Pramort" fort. Schon bald erreichen wir nun die Vogelbeobachtungshütten von **Pramort** 05 mit weitem Blick über die Boddengewässer und die Werder-Inseln. Insbesondere im Herbst, zur Zeit der rastenden Kraniche, ist ein Aufenthalt hier ein unvergessliches

Erlebnis. Allerdings gilt es dann besondere Zutrittsbeschränkungen zu beachten, über welche z.B. die Internetpräsenz von Zingst (www. zingst.de) informiert. Wir genießen die wohlverdiente Rast und treten dann auf unserem Deichradweg den Rückweg an, wobei nach 2 km der Fahrradparkplatz **Ellerhof** 03 erreicht wird.

Erst nach weiteren 5,5 km biegen wir am Weiser rechts in Richtung „Nationalpark-Info" ein und gelangen gleich zum **Ausgangsort** 01.

Suchbild mit Schwalbe – an der Vogelbeobachtungshütte Pramort.

ZINGST – MÜGGENBURG

Vorbei an der Vogelinsel Kirr zum Osterwald

 12,2 km 3:15 h 25 hm 25 hm 736

START | Die Tour beginnt am Boddenhafen (Hafenstraße) von 18374 Zingst.
[GPS: UTM Zone 33 x: 350.082 m y: 6.033.951 m]
CHARAKTER | Auf bequemen Deichwegen (Vorsicht: Fahrradverkehr!), Waldpfaden und entlang des Sandstrandes erkunden wir das Zingster Umland.

Zunächst schweift der Blick über den Bodden und die Vogelinsel Kirr bis hinüber nach Barth auf dem Festland. Später tauchen wir in den Osterwald ein, staunen über eine Gruppe mächtiger Urweltmammutbäume und gelangen schließlich zur Zingster Seebrücke am Ostseestrand.

► Wir starten am **Boddenhafen von Zingst 01**, stärken uns hier bei Bedarf noch einmal mit einem Fischbrötchen und wandern dann auf dem Deichweg in Richtung „Pramort". Gleich beeindruckt die

ausgedehnte Vogelschutzinsel Große Kirr, die dicht vor dem Hafen liegt. Wie die weithin sichtbaren Ruinen zeigen, ist sie größtenteils verlassen und einem strikten Naturschutzreglement unterworfen. Auf dem Eiland brüten unter den mehr als 60 Vogelarten auch die seltenen Alpenstrandläufer und Kampfläufer. Am anderen Boddenufer dominiert die mächtige Kirche von Barth die Szenerie. Am besten lässt sie sich durch den Fotorahmen am Wege – ein Kunstprojekt – betrachten. An der hiesigen Gabelung schwenken wir

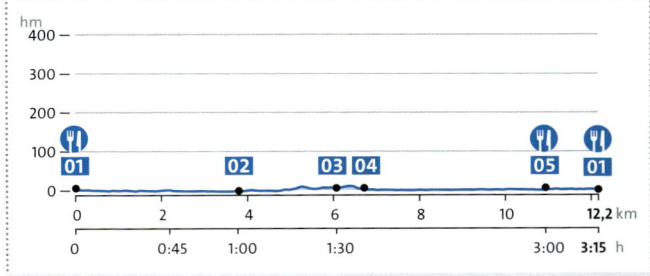

01 Hafen Zingst, 1 m; 02 Müggenburg, 3 m; 03 Mammutbäume, 0 m; 04 Strand, 0 m; 05 Seebrücke, 1 m;

Die Vogelinsel Kirr

Die im Barther Bodden gelegene Insel ist nur 3,5 km lang und gerade einmal bis zu 1,5 km breit. Da sie sich nur einen Meter über den Meeresspiegel erhebt, ist sie mit Salzwiesen bedeckt und von Prielen durchzogen. Bis vor etwa 100 Jahren bestanden noch zwei Bauernhöfe auf dem Eiland. Während vom westlichen Anwesen nahe Zingst heute nur noch weithin sichtbare Ruinen zeugen, hat sich hat sich das Gehöft auf der östlichen Inselseite unweit der Fähre Müggenburg erhalten. Hier wird heute eine Pension betrieben. Mit der Müggenburger Fähre werden übrigens vor allem Rinder auf Kirr übergesetzt. Sie weiden im Sommer auf den ökologisch wertvollen Salzwiesen und verhindern deren Verbuschung.

rechts. Bald erreicht die Tour bei einer Schutzhütte den Fähranleger **Müggenburg 02**, wo sich ein besonders guter Blick über den Zingster Strom zur Vogelinsel bietet. Die Fähre dient übrigens vor allem dem Transport der Rinderherde, die die sommerliche Beweidung auf der Großen Kirr übernimmt. Wir verlassen nun den Radweg und folgen dem Sträßchen entlang der wenigen Häuser von Müggenburg zur Landstraße. Hier schwenkt die Route links und biegt dann bereits nach 50 m rechts ein. Der Betonplattenweg führt uns vorbei an einem Pferdegestüt und geradewegs in den Wald, wo die Wanderung der beschilderten Linkskurve („Zingst/Strand") folgt. Gleich taucht die Tour in den Nationalpark und damit in den Zingster Osterwald ein. Wir bleiben stets auf dem Betonplattenweg, wandern durch das dichte und urwüchsige Grün und unternehmen erst 0,5 vor dem Strand einen Kurzabstecher zu den **Urweltmammutbäumen 03** nach rechts. Diese haben bereits eine beeindruckende Höhe erreicht.

Zurück auf dem Plattenweg gelangen wir nun nach kurzer Zeit zum Waldrand und gehen zum **Strand 04**, der zu einem erfrischenden Bad in der Ostsee verlockt. Die Route folgt der Küstenlinie nun bis zur Zingster **Seebrücke 05**. Sogar der Dornbusch, einer der Inselkerne Hiddensees, ist bei günstiger Witterung zu sehen. Bei der Seebrücke laden die hiesige Tauchgondel und verschiedenste Einkehrmöglichkeiten zum Verweilen ein. Durch die Fußgängerzone im Zingster Zentrum und auf der Hafenstraße gelangen wir schließlich zurück zum **Ausgangsort 01**.

Beim Fähranleger Müggenburg.

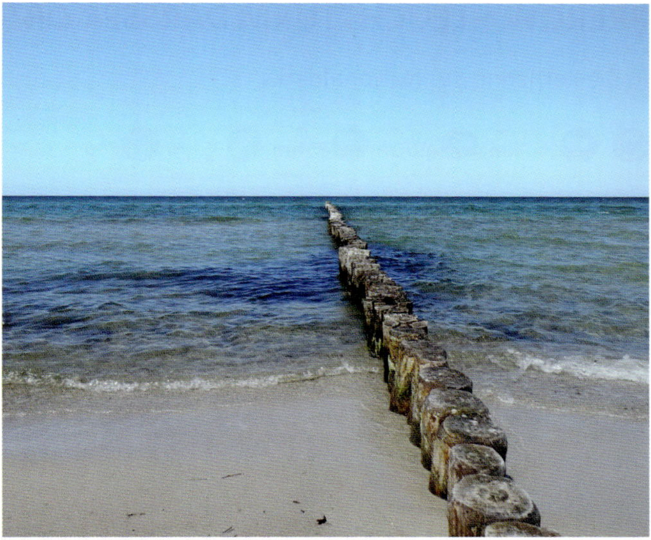

Am Strand bei Zingst.

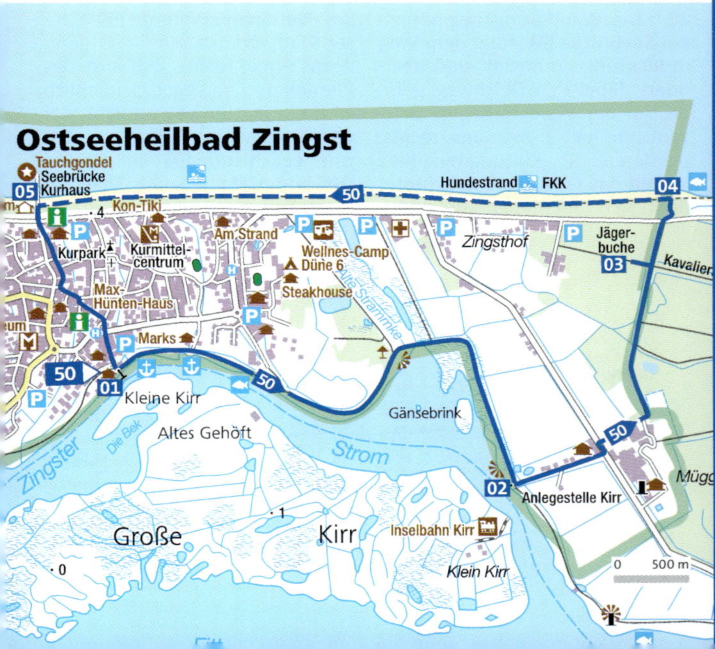

Ostseeheilbad Zingst

Tauchgondel
Seebrücke
05 Kurhaus
Kon-Tiki
Kurpark
Kurmittel-
centrum
Max-
Hünten-Haus
Marks
50
01 Kleine Kirr
Altes Gehöft

Zingster
Die Bek
Strom
Große
Kirr

50 Hundestrand FKK **04**
Am Strand
Wellnes-Camp
Düne 6
Steakhouse
Zingsthof
Jäger-
buche
03 Kavalier

Gänsebrink
50
02 Anlegestelle Kirr
Mügg
Inselbahn Kirr
Klein Kirr

0   500 m

In die Kernzone des Nationalparks

  14,7 km 4:00 h 35 hm 35 hm 736

START | Wir starten an der Seebrücke in 18375 Prerow.
[GPS: UTM Zone 33 x: 342.486 m y: 6.036.618 m]
CHARAKTER | Breite Wege und Wurzelpfade führen durch den Darßwald. Am West- und Nordstrand wandern wir durch Sand.

Die Tour erkundet den Darßer Urwald und stößt beim Leuchtturm am Darßer Ort auf gerade einmal wenige Jahrzehnte altes – durch Sedimentanlagerung entstandenes – Land. Durch die Nationalparkkernzone erreichen wir schließlich den Prerower Nordstrand.

▶ Die Wanderung beginnt an der **Seebrücke** 01, folgt dem Weg in Richtung „Zentrum" und überquert dabei den Deichweg gerade. An der Waldstraße im Ortszentrum halten wir uns rechts, passieren die Kulturkaten Kiek In und das Café Teeschale, hinter dem sich auch das ausgespro-

chen sehenswerte Darß-Museum befindet. Die Route folgt der Rechtskurve der Waldstraße und biegt beim Ostseehotel Waldschlösschen beschildert links auf den schmalen Weg in den Wald („Leuchtturm"). Wir wandern nun durchs dichte Grün des Darßer Urwalds und überschreiten gleich die **Nationalparkgrenze** 02. Unser Pfad verläuft nun stets geradeaus – mal rechts, mal links des Pferdekutschenweges. Schließlich wird ein Plattenweg erreicht, der uns geradewegs nach kurzer Zeit zum **Leuchtturm** 03 am Darßer Ort bringt. Man sollte sich auf jeden Fall die Zeit für einen Be-

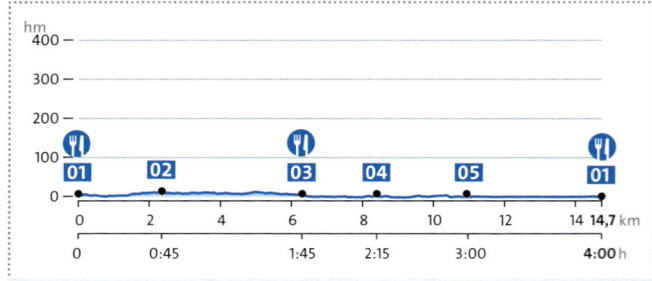

01 Prerow, 0 m; 02 Nationalpark, 8 m; 03 Leuchtturm, 0 m;
04 Aussichtsplattform, 0 m; 05 Nordstrand, 0 m;

such der Ausstellung und eine Turmbesteigung nehmen. Auch ein schönes Café hat hier seine Pforten geöffnet. Dann gehen wir zum nahen Weststrand, halten uns am naturbelassenen Sandstrand rechts und gelangen bei der Nationalparkabsperrung zum Beginn eines Rundwanderweges durch die Kernzone des Schutzgebietes.

Die Route folgt dem Bohlenweg durch das (zumindest in geologischen Zeitdimensionen) eben erst durch Sedimentanlagerung entstandene Gebiet des Darßer Ortes. Bis zu 15 m wächst das Areal Jahr für Jahr in die Ostsee hinaus. Seen, Schilfbereiche und eine erst zaghaft um sich greifende Vegetation in den jungen Dünen prägen die Landschaft. Einen Überblick – auch über die reiche Vogelwelt – kann man sich von mehreren **Aussichtsplattformen 04** verschaffen. Mit Glück zeigt sich im Herbst zur Zeit der Hirschbrunft auch röhrendes Rotwild in den Flachwasserbereichen.

Am einzigen Weiser unterwegs gehen wir in Richtung „Prerow" weiter. Überraschend war auf diesem Wegabschnitt bis 2023 der

Der Leuchtturm am Darßer Ort.

Der Leuchtturm am Darßer Ort

Seit 1849 ist der Leuchtturm am Darßer Ort in Betrieb, was ihn zu einem der ältesten an der deutschen Ostseeküste macht. Weit über 100 Jahre wurde die Funktionsfähigkeit des 35 m hohen Bauwerkes von einem Wärter überwacht – erst seit 1978 hat eine elektronische Fernsteuerung den einsamen Außenposten überflüssig gemacht. Zu diesem Zeitpunkt lag das Leuchtzeichen schon längst mitten im Grenzsperrgebiet der DDR. Erst seit 1995 ist es Besuchern wieder möglich, die 134 eisernen Stufen bis zur Aussichtsplattform zu überwinden. Die ehemaligen Dienst- und Wohngebäude der bis zu drei Leuchtfeuerwärter nutzen heute die NATUREUM-Ausstellung des Deutschen Meeresmuseums sowie ein Café.

Am Nordstrand von Prerow.

Blick auf den Seenotrettungskreuzer Theo Fischer im ehemaligen Nothafen Ottosee. Mittlerweile hat das Schiff im Hafen vor der Seebrücke Prerow seine neue Heimstatt gefunden. Schließlich endet der Bohlenweg, die Wanderung orientiert sich in Richtung „Prerow" und folgt dem Plattenweg. Nur wenige Meter weiter schwenken wir dann am nächsten Richtungszeiger in Richtung „Ottosee/Nordstrand" ein. Die Tour führt am alten (und nun renaturierten) Nothafen vorüber und gelangt auf einem Bohlenweg zum **Nordstrand 05**, wo man sich bei einem Bad erfrischen kann. Immer am Strand – einem der schönsten Deutschlands – entlang wandern wir dann zurück zur Seebrücke von **Prerow 01**.

Zahlreiche Wanderwege erkunden den Darßer Urwald.

Unterwegs am Darßer Ort.

Darßer Ort

Libben-
see

Fukarek-
see

51

04

Otto-
see

Leuchtturm
Darßer Ort

03

Not-
hafen

05

UREUM
ßer Ort

51

Nordstrand

ruesee

2

FKK

Leuchtturmweg

Regenbogen
Prerow

51

Fischkiste

Seebrücke

B

51

FKK

Hagens Düne

01

Dünenhaus

02

P

Sonnencamp

Malerbuchen

Heimatgalerie und
Bernsteinmuseum

B

51

n z o n e

Mittelweg

Se
Mittelgru

Neudarß

Darß-Museum

P

Hotel Bernstein

Kabelhorst

Ulenhoof

P

**Ostseebad
Prerow**

Drümpel

0   450 m

Langseer Weg

PREROW – AHRENSHOOP

Darßer Urwald, Weststrand und Künstlerdorf

 14,3 km 3:45 h 40 hm 40 hm 736

START | Startpunkt der Tour ist die Einmündung der Bergstraße in die Waldstraße im Zentrum von 18375 Prerow.
[GPS: UTM Zone 33 x: 342.302 m y: 6.035.964 m]
CHARAKTER | Breite Wege und Wurzelpfade leiten durch den Darßer Urwald. Die letzten 4 km verlaufen am Weststrand bis nach Ahrenshoop. Der Mecklenburger Weg und das Gebiet um die Große Buchhorster Maase sind während der Brunftzeit im September/Oktober gesperrt.

Die schöne Streckenwanderung führt durch den dichten Darßer Urwald und passiert dabei auch die Freifläche der Großen Buchhorster Maase. Mit Glück lässt sich hier äsendes Rotwild entdecken. Schließlich geht es am Weststrand entlang bis nach Ahrenshoop.

▶ Unsere Tour verläuft in **Prerows Zentrum 01** zunächst auf der Bergstraße, von der sie nach knapp 300 m auf die Grüne Stra-ße abzweigt. Wir passieren gleich das schöne Eschenhaus, das – 1779 erbaut – eines der ältesten erhaltenen Wohnhäuser des Ortes ist. Auch eindrucksvolle Zeugen moderner Architektur (mit flächiger Reetverkleidung) sind etwas weiter zu entdecken. Nahe des Ortsausgangs lockt noch einmal eine Einkehrmöglichkeit, bevor wir in den Darßwald eintauchen. Nach wenigen Schritten halten wir uns an einem deutlichen Querweg

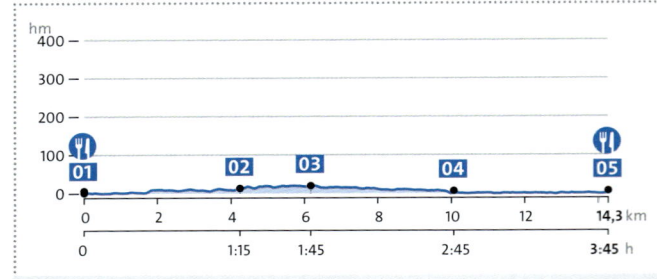

01 Prerow, 1 m; **02** Buchhorster Maase, 11 m; **03** Großer Stern, 18 m; **04** Weststrand, 0 m; **05** Ahrenshoop, 0 m;

Das Eschenhaus in Prerow

Das pittoreske Prerower Eschenhaus wurde im Jahre 1779 erbaut. Damit zählt die Fischerkate zu den ältesten erhaltenen Wohngebäuden des Ortes. Mit dem weit heruntergezogenen, reetgedeckten Krüppelwalmdach, den Sprossenfenstern und der farbenfrohen Tür ist das Bauwerk ein typisches Beispiel der Darßer Architektur. Seit 1921 war das rostrote Haus im Besitz des Malers und Grafikers Theodor Schultze-Jasmer, der auf zahlreichen Gemälden und Drucken die Landschaft der Halbinsel festhielt.

— dem g-Gestell — links. Die Route verläuft nun in Richtung „Peterskreuz". Zunächst werden Einmündungen ignoriert. Allerdings biegen wir nach circa 1200 m auf dem g-Gestell rechts auf den beschilderten Mecklenburger Weg ein. Der schmale Pfad führt gleich an der Freifläche der **Großen Buchhorster Maase** 02 — wo gar nicht so selten Rot- oder Schwarzwild beobachtet werden kann — und an der gleichnamigen Jagdhütte vorüber. Durch urigen Buchenwald wandern wir nun stets gerade-

wegs bis zur wohl markantesten Kreuzung des Darßer Urwaldes — dem **Großen Stern** 03. Nur wenige Schritte entfernt bietet sich eine Rast in der schönen, reetgedeckten Schutzhütte an. Am Großen Stern leitet uns der Weiser nun in Richtung „Parkplatz Drei Eichen/ Ahrenshoop".

An den folgenden Verzweigungen orientieren wir uns entsprechend dieser Destination. Schließlich — etwa 2,5 km nach dem Großen Stern — ignorieren wir einen nach

Beim Großen Stern — einer Wanderwegekreuzung im Darßer Urwald.

Langseen

Esper Ort

.8

Müllerweg

Mecklenburger Weg

Di lütt Wils

Alter

Rehberge
7

04

Birkmaase

Vordarß

52

Strand-
horst

Drei
Eichen

Hundestrand

Josaars
Bruch

FKK

ehem.
Hundsbeck

Cartine

Die Werre

3

52

Reha-Klinik

NSG
Ahrenshooper
Holz

Wedden
Ort

52

Fischerwiege

Schifferkirche

05

Kunstkäten
Zur
Robbe

**Ostseebad
Ahrenshoop**

Bodenort

schkäten

Kunstmuseum

Räucherhaus

(Apr.-Okt.)

Waldwildnis im Nationalpark Vorpommersche Boddenlandschaft.

rechts abzweigenden Weg nach Ahrenshoop und wandern geradeaus in Richtung „Parkplatz Drei Eichen" weiter. 400 m vor diesem schwenkt die Route dann beschildert rechts ein und erreicht bald den asphaltierten Deichweg nach Ahrenshoop. Wir nutzen nun einen der Strandaufgänge, um zum **Weststrand 04** jenseits des Deiches und eines Gehölzstreifens zu gelangen. Am feinsandigen Strand – der hier zu einer Abkühlung in den Ostseewellen verlockt – hält sich die Tour links. Nun sind noch etwa 4 km bis zum Strandaufgang 12 im Zentrum von **Ahrenshoop 05** zurückzulegen.

Am Weststrand bei Ahrenshoop.

WIECK – GROSSER STERN

Zum ehemaligen Meeresufer inmitten des Darßwaldes

  17,9 km 🕐 4:45 h ↗ 65 hm ↘ 65 hm 📱 736

START | Wir starten am Nationalparkzentrum Darßer Arche (Bliesenrader Weg 2) in 18375 Wieck.
[GPS: UTM Zone 33 x: 342.988 m y: 6.03.1743 m]
CHARAKTER | Breite Wege und sandige Wurzelpfade führen durch den Darßwald und am Ufer des Bodstedter Boddens entlang.

Die zwei pittoresken Boddendörfer Wieck und Born sowie traumhafte Wegpassagen im Darßer Urwald prägen die Rundtour. Dabei gelangen wir auch zum Standort des ehemaligen Meeresufers unter den Baumkronen hoch aufragender Buchen.

▶ Von der unbedingt sehenswerten Nationalparkausstellung in der **Darßer Arche Wieck 01** folgen wir der Hauptstraße (die Arche im Rücken) lediglich 20 m nach links (Westen) und schwenken gleich ins Sträßchen Nordseite ein. Dieses bringt uns zur großen Durchgangsstraße, der Bäderstraße. Wir queren diese, gehen auf der Nordseite gegenüber weiter und erreichen geradewegs den Wald („Weststrand"). Der schmale Pfad bringt uns in das Gebiet des Nationalparks Vorpommersche Boddenlandschaft, wo uns gleich das dichte Grün des Darßer Urwaldes empfängt. Die Beschilderung „Weststrand/Peterskreuz" leitet die Tour nun zur Kreuzung **Peterskreuz 02**, wo sie sich an der Destination „Ahrenshoop über Großer Stern" geradeaus orientiert. Der schmale Weg schlängelt sich neben dem Reitweg durch

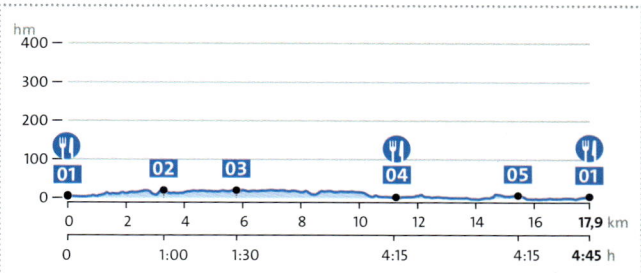

01 Wieck, 4 m; **02** Peterskreuz, 14 m; **03** Altes Meeresufer, 16 m;
04 Hafen Born, 0 m; **05** Rastplatz, 2 m;

Beim ehemaligen Meeresufer unweit des Großen Sterns.

den knorrigen Buchenwald. An der Kreuzung Großer Stern biegt die Route scharf links in Richtung „Born" ein. Zuvor sollte aber eine Rast in der nur wenige Schritte von der Kreuzung entfernten reetgedeckten Schutzhütte eingelegt werden. Entfernen wir uns hier (vorbei am Unterstand) noch etwa 200 m weiter von der Wegkreuzung fällt rechter Hand eine Infotafel auf. Noch vor 6000 Jahren befand sich an dieser Stelle das **Meeresufer** 03, wo die tosende Ostsee gegen ein Kliff brandete. Erst vor drei Jahrtausenden begann sich Schwemmsand anzulagern, der den geologisch sehr jungen Neudarß entstehen ließ.

Wir kehren nun zurück zum Weiser am Großen Stern, bleiben damit auf dem Gebiet des Altdarß und wandern auf dem Bibersteig in Richtung „Born". Die Tour führt nun stets geradeaus auf dem Pfad neben dem Reitweg und überschreitet dabei mehrere kreuzende Forstwege. Am Ortsrand von Born wird auch die viel befahrene Bäderstraße gequert. In Born erreicht die Wanderung nahe der

Das ehemalige Meeresufer

Unweit der Kreuzung Großer Stern fällt eigentlich nur dank einer Hinweistafel eine Bodenerhebung auf. Kaum vorstellbar, dass hier noch vor 6000 Jahren die Wellen der Ostsee gegen ein Kliff brandeten. Erst Meeresströmungsveränderungen führten dann dazu, dass sich am alten Küstensaum mehr und mehr Schwemmsand anlagerte. Dem Inselkern des Altdarß gesellte sich ein stetig wachsendes Neuland hinzu – der Neudarß. Dieser erstreckt sich heute bis zum Darßer Ort, wo sich der Prozess fortsetzt: Jahr für Jahr wachsen die Sandbänke bis zu 15 m ins Meer hinaus. Im dichten Wald des Neudarß sind noch heute die sich stetig abwechselnden Dünenhöhen (Reffen) und Dünensenken (Riegen) zu bemerken, die sich auch durch ihren Pflanzenbewuchs unterscheiden.

Der kleine Hafen von Born.

Touristinformation die Chaussee-straße. Nach einem kurzen Abste-cher (vorbei am Forst- und Jagd-museum Ferdinand von Raesfeld) zum **Hafen** `04` setzt sich die Wan-derung dann auf der Chaussee-straße in Richtung „Wieck" fort.

Wir laufen ein ganzes Stück durch den schönen Ort und biegen erst bei der Bushaltestelle kurz vor der Bäderstraße beschildert rechts in Richtung „Prerow/Wieck" ein. Die Wanderung verläuft nun durch Feld und Flur, führt kurz gerade-wegs auf einer Betonstraße ent-lang und verlässt diese gleich wie-der an einer **Sitzgruppe** `05` – die Route schwenkt hier links ein. Am breiten Schilfgürtel des Bodsted-ter Boddens entlang erreicht die Tour das Zentrum von **Wieck** `01`.

An der Boddenküste bei Wiek.

WIECK – BORN

Auf dem Wiecker Postweg durch den Darßwald

 12,4 km 3:15 h 45 hm 45 hm 736

START | Wir starten am Nationalparkzentrum Darßer Arche (Bliesenrader Weg 2) in 18375 Wieck.
[GPS: UTM Zone 33 x: 343.025 m y: 6.03.1785 m]
CHARAKTER | Bequeme Wege führen durch den Darßer Urwald und am Bodstedter Bodden entlang.

Auf dem Wiecker Postweg führt die schöne Wanderung steigungsfrei durch den Darßer Urwald zum Borner Hafen. Schließlich verläuft die Route an den Schilfgürteln des Bodstedter Boddens entlang zurück zum Ausgangsort.

▶ Von der unbedingt sehenswerten Nationalparkausstellung in der **Darßer Arche Wieck** `01` folgen wir der Hauptstraße (die Arche im Rücken) nach links (Westen). Die Tour quert bald die viel befahrene Bäderstraße und taucht direkt gegenüber auf dem Waldsträßchen Borner Weg ins dichte Grün ein.

Wir passieren noch einige wenige Häuser und orientieren uns an der Destination „Born". Gleich werden wir von einem Schild des **Nationalparks Vorpommersche Boddenlandschaft** `02` willkommen geheißen.

Unser Wiecker Postweg schlängelt sich nun gut beschildert durch den immer uriger werdenden Wald. Der Nadelforst weicht zunehmend mächtigen Buchen und Eichen und eine dichte Krautschicht aus hohem Farn bedeckt den Boden. Unter einer besonders knorrigen **Buche** `03` lässt es sich

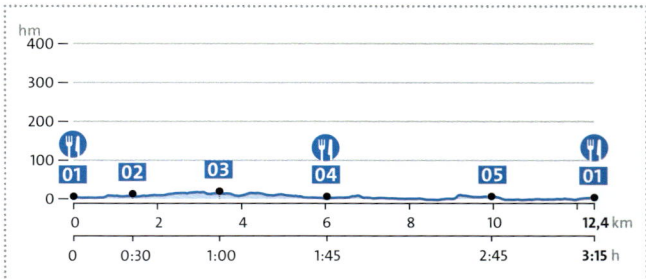

`01` Wieck, 4 m; `02` Nationalpark, 3 m; `03` Buche, 0 m; `04` Hafen Born, 0 m;
`05` Sitzgruppe, 5 m;

Im malerischen Hafen von Born.

gut rasten. Später wird „Born" an einer Waldwegkreuzung sowohl links als auch geradeaus ausgewiesen – hier wandern wir geradewegs weiter. So überschreitet die Route auch die nahe Forststraßenkreuzung und gleich darauf die viel befahrene Bäderstraße gerade. Der befestigte Weg bringt uns gleich zu einer Pflasterstraße – der Chaussee-straße – nahe der Touristinformation von Born. Nach rechts lohnt hier der kurze Abstecher in den pittoresken **Hafen** `04`, wo man sich beispielsweise im Hafenbistro stärken kann. Zudem liegt das Forst- und Jagdmuseum Ferdinand von Raesfeld am Wege. Unsere Tour setzt sich dann auf der Chausseestraße in Richtung „Wieck" fort.

Im Schatten mächtiger Buchen lässt es sich gut rasten.

Wir wandern ein ganzes Stück durch den schönen Ort und biegen erst bei der Bushaltestelle kurz vor der Bäderstraße beschildert rechts in Richtung „Prerow/ Wieck" ein. Die Wanderung verläuft nun durch Feld und Flur, führt kurz geradewegs auf einer Betonstraße entlang und verlässt diese gleich wieder an einer **Sitzgruppe** `05` – die Route schwenkt hier links ein. Wir laufen bald dicht am Bodstedter Bodden entlang – um uns wogt hier nur der breite Schilfgürtel. Endlich leitet ein Weiser die Tour ins Zentrum von **Wieck** `01` und damit zur Darßer Arche.

Darßer Arche Wieck

Seit dem Jahr 2000 hat die Darßer Arche in der architektonischen Form eines Schiffes im kleinen Boddendorf Wieck festgemacht. Mit Solarenergie betrieben, informiert die spannende Ausstellung auf einer Fläche von 500 m² über den Nationalpark Vorpommersche Boddenlandschaft. Dieser umfasst große Teile der Halbinsel Fischland-Darß-Zingst, der Insel Hiddensee und der Westküste Rügens sowie der umgebenden Ostsee- und Boddengebiete. Mit fast 800 km² ist der 1990 gegründete Park der drittgrößte seiner Art in Deutschland. Den Besuch kann man im hauseigenen Café Fernblau mit leckeren Kuchen oder in der Galerie Künstlerdeck ausklingen lassen.

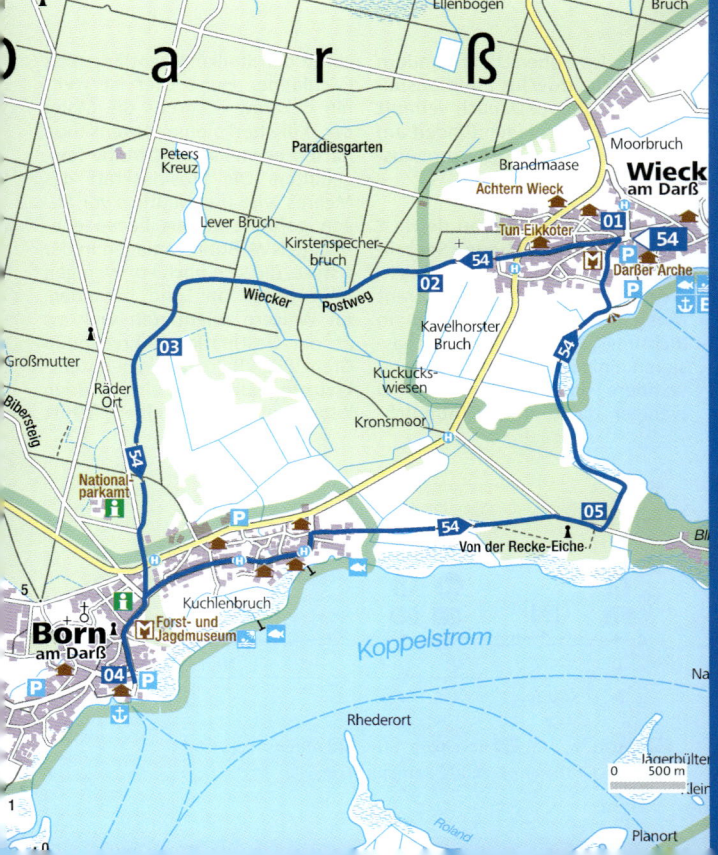

WUSTROW – AHRENSHOOP

Entlang des Hohen Ufers in die einstige Künstlerkolonie

  13,3 km 3:30 h  45 hm 45 hm 736

START | Wir starten an der Seebrücke in der Strandstraße von 18347 Wustrow.
[GPS: UTM Zone 33 x: 330.205 m y: 6.02.5812 m]
CHARAKTER | Breite Wege führen uns am Hohen Ufer entlang nach Ahrenshoop (Bademöglichkeit). Auf schmalen, sandigen Pfaden geht es dann am Bodden zurück nach Wustrow.

Entlang des Hohen Ufers wandern wir von Wustrow ins traditionsreiche Ahrenshoop. Danach verläuft die Route auf ruhigen Pfaden am Saaler Bodden zurück zum Ausgangsort.

▶ Die Tour beginnt an der fast 400 m langen W**ustrower Seebrücke 01** und folgt hier dem Deichweg gleich hinter dem Restaurant Moby Dick durch die Dünen in Richtung „Ahrenshoop". Wir passieren einige Strandaufgänge und wandern dann, mal mehr, mal weniger dicht an der Abbruch-kante der Steilküste entlang. Das Fischländer Hohe Ufer ist weithin bekannt – bereits die Maler der Künstlerkolonie Ahrenshoop hatten es vielfach als Motiv festgehalten. Die Erosionskraft des Meeres wird hier deutlich vor Augen geführt: Voraus liegen ehemalige NVA-Bunkeranlagen in der Ostsee, die sich noch vor wenigen Jahrzehnten an Land befanden. An Weisern orientieren wir uns an der Destination „Ahrenshoop Grenzweg". Bald nach einer Sternkreuzung fällt rechts eine niedrige Kuppe auf – der **Bakelberg 02** ist

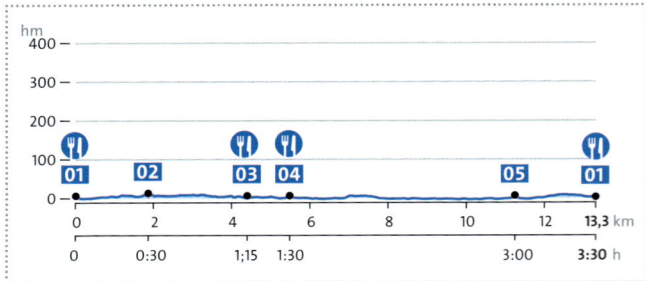

01 Wustrow, 2 m; 02 Bakelberg, 19 m; 03 Ahrenshoop, 0 m;
04 Hafen Althagen, 0 m; 05 Barnstorf, 0 m;

Das Hohe Ufer bei Ahrenshoop.

mit 18 m die höchste Erhebung der Halbinsel. Ein kurzer Abstecher bringt uns hinauf. Von oben sind sowohl die Ostsee als auch der Bodden zu sehen, ist die Halbinsel hier doch besonders schmal. Die Route bleibt stets nahe der Küste („Ahrenshoop") und erreicht schließlich panoramenreich auf dem Grenzweg – der hier die alte mecklenburgisch-pommersche Grenze markiert – den Künstlerort **Ahrenshoop** `03`. Das Ostseebad (Bademöglichkeit) hat wegen seiner traditionellen Kunstbezogenheit einiges zu bieten: Kunstkaten, Kunstmuseum, Bunte Stube und zahlreiche Galerien laden zum Besuch ein. An der Einmündung des Grenzweges quert die Wanderung die viel befahrene Durchgangsstraße und setzt sich nun auf dem schmalen Pfad direkt gegenüber fort. Am Querweg halten wir uns gleich rechts und an der nahen Gabelung links. Die Tour passiert einige der schönsten Häuser des Ortes und biegt später an der großen Straße links ab.

Wenige Schritte weiter schwenkt die Route erneut links in den Abeking-Weg ein. Am Pflasterweg werfen wir einen Blick auf den nur wenige Schritte entfernten **Hafen Althagen** `04`. Geradewegs geht

Die Künstlerkolonie Ahrenshoop

Auch der Maler Paul Müller-Kaempff wanderte im Sommer 1889 am Hohen Ufer entlang von Wustrow nach Ahrenshoop. Das schlichte Leben in dem damals noch abgelegenen und einsamen Fischerdorf beeindruckte ihn tief. So entschloss er sich zur Gründung einer Malschule, die zugleich als Internat diente. Vor allem Malschülerinnen nutzten die Möglichkeit einer künstlerischen Ausbildung an der Ostseeküste, war ihnen doch ein Studium an einer Kunstakademie noch bis 1919 verwehrt. Bis heute ist Ahrenshoop ein Ort der Kunst geblieben, auch das 2013 eröffnete Museum knüpft mit seiner Sammlung an diese Tradition an.

Wanderweg am Hohen Ufer beim Bakelberg.

es dann in Richtung „Wustrow" weiter. Idyllischer kann ein Küstenweg nicht sein – wir wandern bald auf einem Deichweg mit weitem Blick über den Bodden. Reetgedeckte Häuschen säumen den Pfad, Stände mit Kassen des Vertrauens bieten Selbstgestricktes oder Eingemachtes an. Schließlich gelangt die Route zur Landstraße, folgt dieser nach links und biegt gleich ins Sträßchen Bauernreihe (**nicht** Bauernreihe 1, 1a, 1b). Die Tour erreicht wieder den Schilfsaum des Saaler Boddens, bleibt nun immer in dessen Nähe

Die Kunstscheune in Barnstorf.

und ignoriert rechts abzweigende Wege. An Weisern orientieren wir uns in Richtung „Barnstorf". Auch bei einem rechts abbiegenden, breiten Feldweg verläuft die Wanderung geradeaus auf dem schmalen Pfad weiter. Bänke und eine Schutzhütte bieten sich für eine Rast mit schönem Blick auf das Boddengewässer an. Schließlich schwenkt die Route nach **Barnstorf** 05 mit seinen alten Höfen hin ein. Die urige Kunstscheune präsentiert hier wechselnde Ausstellungen. Kurz darauf passieren wir den kleinen Wustrower Hafen und haben einige Schritte weiter die Möglichkeit, den aussichtsreichen Turm der Kirche zu erklimmen. Über Thälmann- und Strandstraße wird schließlich wieder die **Seebrücke** 01 erreicht.

Fischerwiege

Schifferkirche

Künstkaten
Zur
Robbe

Hundestrand 03

**Ostseebad
Ahrenshoop**

Boce

Fischkaten

Kunstmuseum

FKK

15

Räucherhaus

04

Hohes

Althagen

55

Hohes

Ufer

Kliffrand-
dünen

Bakelberg

02

18

Niehagen

Bunker Wustrow

Glippe

*Bungalowsdlg.
Ahrenshoop*

Hochhass

FKK 55

Nordelfeld

Balenbrink

Boddenblick

Molk

Gestüt
Bauer Hartmann

Im Moor

Hohes Feld

Seebrücke

55

Kurklinik

01

**Ostseebad
Wustrow**

55

Fischlandhaus

Hunde-
strand

Skulpturen-
park

Kur-
verw.

Lehmbrink

FKK

Stinne

Störtebeker
Hafen

Lehmbrink's
Wiese

Plaggen
Staegen

Barnstorf

05

Permin

Hohe Ort

0   500 m

Schinkelturm und Neuer Leuchtturm am Kap Arkona.

ALLES AUSSER WANDERN

KULTURINTERESSIERTE

Altstadt Stralsund
Schon die Silhouette lässt es von fern erahnen: Die altehrwürdige Hansemetropole beeindruckt Besucher mit einem einzigartigen Ensemble norddeutscher Backsteingotik. Am besten verschafft man sich zunächst einen Überblick von ganz hoch oben – so kann zum Beispiel der Turm der Marienkirche am Neuen Markt bestiegen werden. Am Alten Markt gilt es unbedingt einen Blick auf das filigrane Schnitzwerk des Chorgestühls in der Nikolaikirche und auf die Prachtfassade des Rathauses zu werfen. Und dann verlocken noch hochkarätige Museen zum Besuch!

Tourismuszentrale Stralsund,
Alter Markt 9,
18439 Stralsund,
Tel. 03831/252340,
www.stralsundtourismus.de

Darßer Arche Wieck
Seit dem Jahr 2000 hat die Darßer Arche in der Form eines Schiffes im kleinen Boddendorf Wieck festgemacht. Die spannende Ausstellung informiert über den Nationalpark Vorpommersche Boddenlandschaft, der große Teile der Halbinsel Fischland-Darß-Zingst, der Insel Hiddensee und der Westküste Rügens sowie die umgebenden Ostsee- und Boddengebiete umfasst. Den Besuch kann man im hauseigenen Café Fernblau mit leckerem Kuchen ausklingen lassen.

Nationalparkzentrum Darßer Arche
Wieck, Bliesenrader Weg 2,
18375 Wieck,
Tel. 038233/201,
www.darsser-arche.de

Freilichtmuseum Klockenhagen
Was 1970 mit einem Bauernhof begann, hat sich bis heute zu einem Dorf im Dorf ausgewachsen: 20 Beispiele norddeutscher Dorfarchitektur bilden heute im Freilichtmuseum Klockenhagen ein beeindruckendes Ensemble. Beim Schlendern durch die liebevoll arrangierten historischen Häuser und erst recht bei einem Besuch des Dorfladens fühlt man sich in Omas Zeiten zurückversetzt.

Gerade kleine Wanderer werden von den vielen Mitmachangeboten begeistert sein.

Freilichtmuseum Klockenhagen,
Mecklenburger Str. 57,
18311 Klockenhagen, Tel. 03821/2775,
www.freilichtmuseum-klockenhagen.de

Kunstmuseum Ahrenshoop
Seit 2013 hat in Ahrenshoop das Kunstmuseum seine Pforten geöffnet. Der Museumsbau – er besteht aus 5 stilisierten Fischerkaten in Goldgelb – zieht die Blicke auf sich. Die Sammlung nimmt Bezug auf die Ahrenshooper Künstlerkolonie, umfasst aber auch zeitgenössische Werke. So gehören heute mehr als 800 Gemälde, Grafiken und Skulpturen zum Bestand.

Kunstmuseum Ahrenshoop,
Weg zum Hohen Ufer 36,
18347 Ostseebad Ahrenshoop,
Tel. 038220/66790,
www.kunstmuseum-ahrenshoop.de

Pfarrwitwenhaus Groß Zicker

Das leuchtend weiße Pfarrwitwenhaus wurde 1780 als niederdeutsches Hallenhaus für die verwitwete und von Obdachlosigkeit bedrohte Witwe des Pfarrers von Groß Zicker errichtet. Es gehört zu den ältesten erhaltenen Wohngebäuden auf Rügen, wird heute als Ausstellungsraum genutzt und ist von einem traumhaft schönen Garten umgeben.

Pfarrwitwenhaus,
Boddenstraße 37,
18586 Groß Zicker

Schlosspark Putbus

Putbus wurde 1810 von Fürst Wilhelm Malte als klassizistische Stadtanlage gegründet. Wilhelm Malte hatte als Stadtplaner auch Sinn fürs Detail: So ordnete er an, dass jeder Bewohner vor seinem Haus Rosenstöcke zu pflanzen habe. Die Tradition wird noch heute beibehalten. Ausgesprochen idyllisch präsentiert sich der Schlosspark mit einem Wildgehege, mehreren Teichen und überraschenden Blickachsen. Hier sind auch Marstall, Orangerie und Schlosskirche zu entdecken.

Touristinfo Putbus
Alleestraße 2
18581 Putbus
Tel. 038301/431
www.putbus.de

Störtebeker-Festspiele

Alljährlich zwischen Ende Juni und Anfang September erbebt die Freilichtbühne von Ralswiek — dann liefern sich die 150 Mitwirkenden, 30 Pferde und waghalsige Reiter hitzige Schwertkämpfe und Verfolgungsjagden. Vier Schiffe inszenieren dramatische Seegefechte. Und am Ende siegt (hoffentlich) der Held des Piratenspektakels — Klaus Störtebeker. Unbedingt sehenswert.

Freilichtbühne Ralswiek,
Am Bodden 100,
18528 Ralswiek,
Tel. 03838/31100,
www.stoertebeker.de

Theater Putbus

Die Spielstätte wurde Anfang des 19. Jahrhunderts als fürstliches Sommertheater errichtet. Heute präsentiert sich das Putbuser Schauspielhaus als ältestes durchgängig bespieltes Theater in Mecklenburg-Vorpommern. Die traditionsreiche Bühne bietet Raum für einen abwechslungsreichen Spielplan.

Theater Putbus,
Markt 13,
18581 Putbus,
Tel. 038301/808330,
www.theater-vorpommern.de

Tonnenabschlagen auf Fischland-Darß-Zingst

In allen Orten der Halbinsel wird das Tonnenabschlagen begangen. Im vollen Galopp versuchen die Reiter dabei mit einem Holzknüppel auf ein festlich geschmücktes Heringsfass einzuschlagen. Derjenige, der schließlich den Boden herausschlägt, wird Tonnenkönig! In Wustrow findet das Event am 2. Sonntag im Juli statt.

Kurverwaltung Ostseebad Wustrow,
Ernst-Thälmann-Straße 11,
18347 Ostseebad Wustrow,
Tel. 038220/251.
www.ostseebad-wustrow.de

Schon vorbei! – der Rasende Roland.

KINDER UND FAMILIEN

Boddenfahrt auf dem Barther Bodden
Von vielen Häfen der Halbinsel Fischland-Darß-Zingst können Boddenfahrten mit Ausflugsschiffen unternommen werden. So startet der Mississippi-Schaufelraddampfer River Star seine Rundtour in Zingst und erkundet die spektakuläre Inselwelt des Barther Boddens. Man schippert an den Vogelschutzinseln Kirr und Oie vorbei und durch den Lebensraum von Robben, Seeadlern und Kormoranen.

Reederei Poschke,
www.reederei-poschke.de

Kletterwald Rügen Stralsund
Der Kletterwald im Seebad Altefähr bietet auf acht verschiedenen Kletterstrecken Spaß und Action. Dabei bleibt die grandiose Silhouette der Hansestadt Stralsund jenseits des Strelasunds immer im Blick.

Kletterwald Rügen Stralsund,
Klingenberg25,
18573 Altefähr,
Tel. 038306/239758

Nationalparkzentrum Königsstuhl
Im Nationalparkzentrum Königsstuhl begeben sich Besucher auf eine Zeitreise, die sie in die Geheimnisse der Kreidelandschaft einweiht. Sie tauchen ab in das warme Kreidemeer, geraten in die kalte Eiszeit und sinken in die Tiefe der Ostsee – super spannend! Und gleich nebenan locken die grandiosen Panoramen von Königsstuhl und Victoriasicht.

Nationalparkzentrum Königsstuhl,
Stubbenkammer 2,
18546 Sassnitz,
Tel. 038392661766,
www.koenigsstuhl.com

Naturerbe Zentrum Rügen
Auf einer Länge von 1250 m schlängelt sich ein Baumwipfelpfad durch die Baumkronen mächtiger Buchen. Bis auf eine Höhe von 17 m steigt die Konstruktion allmählich an – von oben schweift dann der Blick über den Mischwald und die Erlenbrüche der DBU-Naturerbefläche Prora. Wer mag, kann aus luftiger Höhe über

eine 52 m lange Tunnelrutsche wieder nach unten gelangen. Ausstellungen und Infostationen komplettieren das Angebot.

Naturerbe Zentrum Rügen,
Forsthaus Prora 1,
18609 Prora,
Tel. 038393/662200,
www.baumwipfelpfade.de

Ozeaneum Stralsund

Schon die Architektur des Ozeaneums beim Stralsunder Hafen begeistert. Drinnen sind die Lebensräume von Nord- und Ostsee sowie des Polarmeeres Thema einer spannenden Ausstellung. 45 Aquarien fassen insgesamt mehr als 6 Mio. Liter Wasser – allein das gigantische Schwarmfischbecken kommt auf beeindruckende 2,6 Mio. Liter. Keinesfalls verpassen!

Ozeaneum Stralsund,
Hafenstraße 11,
18439 Stralsund,
Tel. 03831/2650610,
www.ozeaneum.de

Rasender Roland

Auf einer 750 mm-Schmalspur schnauft der Rasende Roland mit 30 km/h durch den Rügischen Inselsüden. Schon 1895 wurde die erste Teilstrecke eingeweiht. Im Laufe der Jahre wurde das Schienennetz auf fast 100 km erweitert, heute wird davon noch etwa ein Viertel genutzt. Die älteste, noch aktive Lokomotive dampft schon seit 1914 durch Rügen. Bedient wird die Strecke zwischen Puttbus und Göhren mit Halt u.a. in Binz, Sellin und Baabe.

Tel. 038301/884014,
www.ruegensche-baederbahn.de

Die Alte Schule in Middelhagen – heute als Museum genutzt.

Schulmuseum Middelhagen

1825 wurde im idyllischen Middelhagen auf der Halbinsel Mönchgut eine Schule errichtet. In lediglich einem Raum unterrichtete der Lehrer alle Klassenstufen. Heute können sowohl das Klassenzimmer als auch die Lehrerwohnung – beide authentisch eingerichtet – besichtigt werden. Mehrmals in der Woche besteht auch die Möglichkeit, selbst an einer historischen Schulstunde teilzunehmen.

Schulmuseum Middelhagen,
Dorfstraße 23,
18586 Middelhagen

Welt en miniature – der Rügen-Park

Die Oper von Sydney, die Moskauer Basilius-Kathedrale und die Große Mauer in China – sie alle können en miniature im Rügenpark bewundert werden. Austoben können sich kleine Wanderer dann auf dem Abenteuerspielplatz nebenan.

Rügen-Park Gingst,
Mühlenstraße 22b,
18569 Gingst,
Tel. 038305/55055,
www.ruegenpark.de

Ahrenshoop

Scheinbar endlos erstreckt sich der feinsandige Strand hinter den Dünen entlang der Ostseeküste, wo auch das berühmte Hohe Ufer zu Spaziergängen einlädt. Beschaulich geht es auf der Boddenseite zu – hier schaukeln im Althäger Hafen Zeesenboote auf dem Wasser. Die abwechslungsreiche Landschaft hat bereits Ende des 19. Jahrhunderts Maler in ihren Bann gezogen, die in Ahrenshoop eine Künstlerkolonie gründeten. Heute knüpfen das renommierte Kunstmuseum, das Künstlerhaus Lukas und zahlreiche Galerien an diese Tradition an.

Kurverwaltung Ahrenshoop
Kirchnersgang 2
18347 Ahrenshoop
Tel. 038220/666610
www.ostseebad-ahrenshoop.de

Altefähr

Nur der Strelasund trennt Stralsund auf dem Festland und die fast 800-jährige Gemeinde Altefähr auf Rügen. Entsprechend grandios ist der Blick vom Altefährer Hafen hinüber auf die Skyline der ehrwürdigen Hansemetropole. Das Panorama lässt sich hier wunderbar vom Café oder Restaurant aus genießen. Seit 2007 hat sich dem alten Rügendamm über die Wasserstraße noch die kühn geschwungene Brücke beigesellt.

Touristinformation Altefähr
Am Fährberg 9
18573 Altefähr
Tel. 038306/75037
www.altefaehr.de

Baabe

Das ehemalige Fischerdorf an der Schwelle zur Halbinsel Mönchgut hat sich zum beliebten Ostseebad gemausert. Zahlreiche reetgedeckte Häuser prägen aber auch heute noch das Ortsbild und verleihen ihm ein idyllisches Flair. Ausgesprochen reizvoll ist auch die Lage zwischen dem 5 km langen weißen Sandstrand, dem Selliner See und den ausgedehnten Wäldern der Baaber Heide.

Kurverwaltung Ostseebad Baabe
Am Kurpark 9
18586 Baabe
Tel. 038303/1420
www.baabe.de

Bergen auf Rügen

Mit seinen 14.000 Einwohnern gilt Bergen heute als Inselhauptstadt Rügens. Gegründet wurde die Kommune bereits im 13. Jahrhundert. Die Innenstadt mit ihren Bürgerhäusern im Fachwerkstil besticht mit nordischem Charme und einer ganzen Reihe von Sehenswürdigkeiten. Ein „Muss" ist ein Besuch der Kirche St. Marien mit ihren beeindruckenden mittelalterlichen Wandmalereien. Auf dem 91 m hohen „Hausberg" Rugard verspricht der Arndt-Turm ein weites Panorama.

Bergen Touristik Service
Markt 23
18528 Bergen
Tel. 03838/3152828
www.stadtinfo-bergen-ruegen.de

Binz

Binz ist wohl das bekannteste Seebad der Insel Rügen. Bereits seit dem ausgehenden 19. Jahrhundert entstanden hier zahlreiche repräsentative Villen und Pensionsgebäude im Stil der Bäderarchitektur, die das Ortsbild noch heute dominieren. Zur Beliebtheit des Bades trägt auch seine Lage bei: Über 8 km erstreckt sich der feinsandige Strand, östlich grenzen die Buchenwälder der Granitz mit dem gleichnamigen Jagdschloss auf dem Tempelberg an und direkt am Ortsrand ist der Schmachter See zu finden. Durch den Küstenwald – der Schmalen Heide, gelangt man nach kurzer Zeit zum „Koloss von Prora" – einem gigantischen Bauprojekt der nationalsozialistischen Unterorganisation „Kraft durch Freude". 1942 wurden die Arbeiten an der kilometerlangen (!) Ferienanlage für geplante 20.000 Gäste eingestellt. Heute werden Teile des Gebäudes von Galerien und Museen genutzt.

Haus des Gastes Ostseebad Binz
Heinrich-Heine-Straße 7
18609 Binz
Tel. 038393/148148
www.gemeinde-binz.de

Breege-Juliusruh

In Breege markiert heute wie früher der Hafen das Zentrum des Ortes, auch wenn dieser nun zumeist zu touristischen Zwecken angesteuert wird. Nur die Landstraße trennt Breege von Juliusruh, das seinen Namen Julius von der Lanken verdankt. Dieser ließ 1795 einen Landsitz anlegen, von dem sich allerdings nur der schöne Park erhalten hat. Vor allem aber zieht es hier Badefreudige an den Sandstrand, der zu den längsten Rügens zählt.

Informationsamt Breege-Juliusruh
Wittower Str 5
18556 Juliusruh
Tel 38391/311
www.breege.de

Göhren

Das Ostseebad Göhren liegt mitten im Biosphärenreservat Südost-Rügen auf der Halbinsel Mönchgut. Im Hinterland von Nord- und Südstrand lässt sich eine abwechslungsreiche Landschaft entdecken – Küstenwald und aussichtsreiche Hügel laden hier zu Wanderungen ein. Im Ort lohnt nicht zuletzt der Besuch der Mönchguter Museen sehr.

Kurverwaltung Ostseebad Göhren
Poststraße 9
18486 Göhren
Tel. 038308/66790
www.goehren-ruegen.de

Kloster auf Hiddensee

Der kleine Ort Kloster liegt in traumhafter Lage am Fuße der Hügellandschaft des Dornbusches. Eine ganze Reihe der kulturellen Highlights der Insel Hiddensee sind hier konzentriert. Neben dem berühmten Gerhart-Hauptmann-Haus lädt auch das Heimatmuseum in der ehemaligen Seenotrettungsstation zum Besuch ein. Auch ein Blick in die 600 Jahre alte Kirche sollte nicht versäumt werden. Und nur ein paar Minuten vom Ort entfernt lockt der Leuchtturm auf dem Dornbusch mit seinem beeindruckenden Panorama.

Insel-Information Kloster
Hafenweg 15
18565 Kloster
Tel. 038300/60654
www.seebad-hiddensee.de

Prerow

Prerows Strand zählt zu den schönsten in Deutschland. Und im Hinterland des traditionsreichen Seefahrerortes bietet sich der Darßer Urwald zu ausgedehnten Wanderungen an. Eines der schönsten Ziele ist dort der Leuchtturm am Darßer Ort. In Prerow ist ein Besuch des Darß-Museums mit seiner liebevoll präsentierten Ausstellung sehr zu empfehlen.

Kur- und Tourismusbetrieb Ostseebad Prerow
Gemeindeplatz 1
18375 Prerow
Tel. 038233/6100
www.ostseebad-prerow.de

Putbus

Aus der Taufe gehoben wurde Putbus – die Weiße Stadt – durch Fürst Wilhelm Malte I. zu Beginn des 19. Jahrhunderts. Der fürstliche Bauherr schuf damit ein Kleinod klassizistischer Baukunst mit einem Hauch von italienischem Flair. Wunderbar flanieren lässt es sich im Schlosspark mit Orangerie, Marstall und Pergola. Auch Lauterbach, das erste rügische Seebad, geht auf den baufreudigen Fürsten zurück und ist heute Stadtteil von Putbus. Von hier legen Ausflugsschiffe zur Naturschutzinsel Vilm ab.

Kurverwaltung Putbus
Alleestraße 2
18581 Putbus
www.putbus.de

Die Orangerie im Schlosspark zu Putbus.

Putgarten

Zu Rügens nördlichster Gemeinde gehört auch das Kap Arkona, dass mit seinen drei Türmen – dem Schinkelturm, dem Leuchtturm von 1905 sowie dem Peilturm – eines der Wahrzeichen der Insel darstellt. In unmittelbarer Nähe sind mit der Jaromarsburg auch die Reste einer alten Tempelburg der Ranen sowie das pittoreske Fischerdorf Vitt zu entdecken. Touristisches Zentrum des kleinen Ortes selbst ist der Rügenhof Arkona.

Touristinformation
Am Parkplatz
18556 Putgarten
Tel. 038391/13037
www.kap-arkona.de

Sassnitz

Die zweitgrößte Stadt auf Rügen grenzt unmittelbar an den Nationalpark Jasmund mit seinen berühmten Kreidefelsen. So starten von hier auch Ausflugsschiffe, die die Kreideküste von See her ansteuern. Einst war Sassnitz das bekannteste Seebad der Insel, mittlerweile hat sich der Badetourismus allerdings mehr an die feinsandigen Strände von Binz, Sellin und Baabe verlagert.

Tourist Service Sassnitz
Strandpromenade 12
18546 Sassnitz
Tel. 038392/6490
www.insassnitz.de

Sellin

Das Ostseebad Sellin punktet mit seinen kilometerlangen, feinsandigen Stränden sowie einer Lage zwischen den Buchenwäldern der Granitz und dem Selliner See. Das Ortsbild des traditionsreichen Bades wird durch zahlreiche beeindruckende Beispiele der Bäderarchitektur bestimmt. Das spektakulärste Bauwerk ist aber sicher die 1998 fertiggestellte Seebrücke. Diese führt 500 m auf die Ostsee hinaus und ist in ihrem vorderen Bereich fast schon schlossartig überbaut.

Kurverwaltung Ostseebad Sellin
Warmbadstraße 4
18586 Sellin
Tel. 038303/160
www.ostseebad-sellin.de

Vitte/Hiddensee

Der heute größte Ort der Insel ist ein ehemaliges Fischerdorf, woran auch der Name erinnert: Dieser leitet sich schließlich von einer mittelalterlichen Bezeichnung für einen Heringsfangplatz her. In Vitte sollte man sich einen Besuch der Blauen Scheune nicht entgehen lassen. Der auffällige Bau wurde einst vom Hiddenseer Künstlerinnenbund genutzt. Heute werden hier im Sommer wechselnde Ausstellungen präsentiert.

Insel-Information Vitte
Achtern Diek 18a
18565 Vitte
Tel. 038300/608685
www.seebad-hiddensee.de

Wustrow

Wustrows Lage zwischen Bodden und Meer sorgt für ein facettenreiches Ortsbild: Ausgedehnte Strände zu Füßen der Seebrücke, uralte Lindenalleen, traditionsreiche Kapitänshäuser, rohrgedeckte Katen und urige Bauernhöfe, die zu den ältesten der ganzen Halbinsel zählen, prägen die Kommune. Vom kleinen Hafen starten Zeesenboote in den Saaler Bodden. Den besten Überblick verschafft man sich vom hoch aufragenden Kirchturm aus.

Kurverwaltung Ostseebad Wustrow
Ernst-Thälmann-Straße 11
18347 Wustrow
www.ostseebad-wustrow.de

Zingst

Das größte Seebad der Halbinsel liegt zwischen dem kleinen Hafen am Barther Bodden und dem kilometerlangen Sandstrand an der Ostsee. Rad- und Wanderwege führen von hier in den Osterwald und über die Sundische Wiese bis nach Pramort an der Ostspitze des Zingst. Etliche Fotogalerien im Ort knüpfen an das Werk des Malers und Fotografen Max Hünten an.

Tourismusinformation Zingst
Seestraße 56/57
18374 Zingst
Tel. 038232/81580
www.zingst.de

Blütenpracht am Wege.

ÜBERNACHTUNGSVERZEICHNIS

 unter 50 €, 50-80 €, über 80 €
(Pro Person / DZ / inkl. Frühstück)

Ahrenshoop...**PLZ 18347 Tel. +49 (0) 38220**
Haus Mariella , Niehäger Straße 1a, Tel. 66009,
www.haus-mariella-ahrenshoop.de
Pension Seeluft , Niehäger Straße 17, Tel. 6400, www.pension-seeluft.de
Hotel Seezeichen , Dorfstraße 22, Tel. 678300, www.seezeichen-hotel.de
Der Fischländer Hotel Garni , Dorfstraße 47e, Tel. 6950,
www.hotelderfischlaender.de
Aparthotel Saatmann , Bernhard-Seitz-Weg 17, Tel. 0172/3714271,
www.saatmann.net

Altefähr..**PLZ 18573 Tel. +49 (0) 38306**
Hotel Sundblick , Am Fährberg 8b, Tel. 7130, www.hotelsundblick.de
Jugendgästehaus Haus am Sund , Am Fährberg 8, Tel. 23253

Baabe...**PLZ 18586 Tel. +49 (0) 38303**
Hotel Strandpavillon , Strandstraße 37, Tel. 183, www.strandpavillon-baaba.de
Hotel am See , Seestraße 25, Tel. 1370, www.hotel-am-see-baabe.de
Pension Vineta , Birkenallee 14, Tel. 86420, www.pension-vineta.de
Pension Diwisch , Göhrener Chaussee 10, Tel. 87493, www.pension-diwisch.de
Hotel Villa Fröhlich , Göhrener Weg 2, Tel. 86191, www.villa-froehlich.de

Bergen...**PLZ 18528 Tel. +49 (0) 3838**
Romantik Hotel Kaufmannshof , Bahnhofstraße 6-8, Tel. 80450,
www.kaufmannshof.de
Parkhotel , Stralsunder Chaussee 1, Tel. 8150, www.parkhotel-ruegen.de
Hotel Rugard , Rugardweg 10, Tel. 20190, www.rugard.de
Märchenhotel , Markt 28, Tel. 2010669, www.maerchenhotel-ruegen.de

Binz... **PLZ 18609 Tel. +49 (0) 38393**
Pension Anker , Bahnhofstraße 18, Tel. 0173/7541462
Appartementhaus Anne , Bahnhofstraße 44, Tel. 2740, www.haus-anne-binz.de
K&R Appartements , Ringstraße 25, Tel.33802, www.k-r-appartements.de
Schlösschen am Schmachter See , Pantower Weg 1a, Tel. 5679,
www.binz-ferienwohnung.de
Strandhotel , Strandpromenade 33. Tel. 3810, www.strandhotel-binz.de
Villa Seerose , Jasmunder Straße 15, Tel. 5679, www.binz-ferienwohnung.de

Breege-Juliusruh .... **PLZ 18556 Tel. +49 (0) 38391**
Hotel am Wasser , Dorfstraße 79, Tel. 4020, www.hotelamwasser.m-vp.de
Pension Hinter der Düne , Ringstraße 17, Tel. 12126, www.pension-hinterderduene.de
Hotel Kapitänshäuser Breege , Am Hafen 1-3, Tel. 420, www.kapitaenshaeuser.de
Ferienwohnung Muschel , Am Waldwinkel 1a, Tel. 05731/9814171,
www.sonneninselruegen.de

Göhren .... PLZ 18586 Tel. +49 (0) 38308
Hotel Waldperle ●●●, Carlstraße 6, Tel. 34190, www.waldperle.com
Hotel Stranddistel ●●●, Katharinenstraße 9, Tel. 5450, www.goehren-hotel.de
Alexa Hotel ●●●, Poststraße 10, Tel. 6663100, www.alexa-hotel.com
Pension Seerose ●●, Carlstraße 13, Tel. 2339, www.pension-seerose.de
Der Kastanienhof ●●, Neue Kirchstraße 3, Tel. 25049,
www.kastanienhof-goehren.de

Kloster/Hiddensee .... PLZ 18565 Tel. +49 (0) 38300
Pension Haus Hiddensee ●●, Kirchweg 31, Tel. 335, www.haus-hiddensee.de
Pension Inselidyll ●●, Siedlung 23, Tel. 234, www.inselidyll-hiddensee.de
Apartement Haus Dornbusch ●●●, Weißer Weg 2, Tel. 60400,
www.hiddensee-haus-dornbusch.de
Pension Zum Klausner ●●, Im Dornbuschwald 1, Tel. 6610,
www.klausner-hiddensee.de
Pension Pehl ●●, Hafenweg 4, Tel. 437, www.hiddensee-pension.de

Prerow...PLZ 18375 Tel. +49 (0) 38233
Hotel Haus Kranich ●●, Waldstraße 38, Tel. 70350, www.hotel-kranich-prerow.de
Hotel Landhaus Lange ●●, Lange Straße 9, Tel. 60153
Hotel Bernstein ●●, Buchenstr. 42, Tel. 64000, www.bernstein-prerow.de
Pension Linde ●●, Waldstraße 33, Tel. 60245, www.pension-linde.de
Pension Seeteufel ●●, Grüne Straße 27, Tel. 222,

Putbus...PLZ 18581 Tel. +49 (0) 38301
Badehaus Goor ●●●, Fürst-Malte-Allee 1, Tel. 88260, www.hotel-badehaus-goor.de
Appartements im Yachthafen ●●, Vilmnitzer Weg 19, Tel. 435, www.vilm.de

Putgarten.. PLZ 18556 Tel. +49 (0) 38391
Ferienwohnungen Rügenhof ●●-●●●, Dorfstraße 22, www.kap-arkona.de

Sassnitz...PLZ 18546 Tel. +49 (0) 38392
Hotel Meeresgruß ●●-●●●,Ringstraße8, Tel. 661333, www.hotel-meeres-gruss.de
Hotel Baumhaus Hagen ●●, Stubbenkammer, Tel. 22310,
www.baumhaus-hagen.de
Landgut Dargast ●, Dargast 9, Tel. 34201, www.landgut-dargast.de
Villa am Steinbach ●●, Tel. 50066, www.altstadtvillen.de

Sellin ....PLZ 18586 Tel. +49 (0) 38303
Hotel Bernstein ●●●, Hochuferpromenade 8, Tel. 1717, www.hotel-bernstein.de
Wald-Hotel ●●-●●●, Luftbadstraße 16, Tel. 1380, www.wald-hotel-sellin.de
Hotel Seeschloss ●●●, Am Hochufer 7, Tel. 1560, www.seeschloss-hotel.de
Pension Granitzeck ●●, Granitzer Straße 6d, Tel. 8980, www.pension-granitzeck.de
Pension Villa-Frohsinn ●●●, Granitzer Straße 20, Tel. 86280,
www.frohsinn-ruegen.de

Vitte/Hiddensee .... PLZ 18565 Tel. +49 (0) 38300
Haus Meerblick ●●, Norderende 2, Tel. 60770, www.hiddensee-meerblick.de
Inselhaus Hiddensee ●●●, Süderende 185, Tel. 6620, www.inselhaus.de

ÜBERNACHTUNGSVERZEICHNIS

Haus Karin 💶💶, Süderende 102, Tel. 0171/7912942, www.schulz-hiddensee.de
Appartement-Hotel Post 💶💶💶, Wiesenweg 26, Tel. 6430,
www.hotel-post-hiddensee.de
Pension Haus 15 💶💶, Wiesenweg 15, Tel. 469, www.ostsee-hiddensee.de

Wieck a. Darß ....PLZ 18375 Tel. +49 (0) 38233
Hotel Haferland 💶💶💶, Bauernreihe 5, Tel. 680, www.hotelhaferland.de
Pension Tun Eikkoter 💶💶, Hauptstraße 20, Tel. 60146, www.eikkoter.de

Wustrow ....PLZ 18347 Tel. +49 (0) 38220
Ostseehotel Wustrow 💶💶💶, Fischländer Weg 35, Tel. 6250,
www.ostseehotel-wustrow.de
Hotelschiff Stinne 💶💶, Kuhleger 13, Tel. 336, www.hotelschiff-stinne.de

Schloss Spyker bei Bobbin.

Landhaus Schlunt , Osterstraße 30, Tel. 80515, www.landhaus-schlunt.de
Schimmel´s Pension ⓒⓒ, Parkstraße 1, Tel. 66500, www.schimmels.de
Pension Schifferwiege ⓒⓒ, Karl-Marx-Straße 30, Tel. 80336,
www.pension-schifferwiege.de

Zingst .... PLZ 18374 Tel. +49 (0) 38232
Hotel Seebrücke ⓒⓒⓒ, Seestraße 53, Tel. 840, www.hotel-seebrücke.net
Hotel Stone ⓒⓒ, Inselweg 1-2, Tel. 16777, www.hotel-stone.de
Hotel und Pension Am Deich ⓒⓒ, Seestraße 79, Tel. 1437,
www.amdeich-strandeck.de
Pension Zingster Kaffeepott ⓒⓒ, Hafenstraße 20, Tel. 1620,
www.zingster-kaffeepott.de
Pension Skipper ⓒⓒ, Strandstraße 53, Tel. 15680, www.skipper-zingst.de

IMPRESSUM

© KOMPASS-Karten GmbH, A-6020 Innsbruck (24.01)
1. Auflage 2024   Verlagsnummer 5004   ISBN 978-3-99154-133-2

....

Titelbild: Küste auf Rügen (©Florian Kunde - stock.adobe.com)

Text und Fotos (soweit nicht anders angegeben): Kay Tschersich

Grafische Herstellung und
Wanderkartenausschnitte: © KOMPASS-Karten GmbH
Kartengrundlage für Gebietsübersichtskarte S. 10-11, U4:
© MairDumont, D-73751 Ostfildern 4

Wir aktualisieren unsere Karten und Touren in regelmäßigen Abständen. Dies kann unter Umständen dazu führen, dass sich die Inhalte der digitalen Version eines freigeschalteten Wanderführers bzw. einer Karte, von dem erworbenen Printprodukt unterscheiden. Diese Aktualisierungen sind aus rechtlichen oder sicherheitsrelevanten Gründen erforderlich und ein kostenloser Service mit Mehrwert für alle Nutzer.

Alle Angaben und Routenbeschreibungen wurden nach bestem Wissen gemäß unserer derzeitigen Informationslage gemacht. Die Wanderungen wurden sehr sorgfältig ausgewählt und beschrieben, Schwierigkeiten werden im Text kurz angegeben. Es können jedoch Änderungen an Wegen und im aktuellen Naturzustand eintreten. Wanderer und alle Kartenbenützer müssen darauf achten, dass aufgrund ständiger Veränderungen die Wegzustände bezüglich Begehbarkeit sich nicht mit den Angaben in der Karte decken müssen. Bei der großen Fülle des bearbeiteten Materials sind daher vereinzelte Fehler und Unstimmigkeiten nicht vermeidbar. Die Verwendung dieses Führers erfolgt ausschließlich auf eigenes Risiko und auf eigene Gefahr, somit eigenverantwortlich. Eine Haftung für etwaige Unfälle oder Schäden jeder Art wird daher nicht übernommen. Für Berichtigungen und Verbesserungsvorschläge ist die Redaktion stets dankbar. Korrekturhinweise bitte an folgende Anschrift:

KOMPASS-Karten GmbH
Karl-Kapferer-Straße 5, A-6020 Innsbruck
www.kompass.de/service/kontakt